현대
나치는 왜 유대인을 학살했을까?

민음 지식의 정원 서양사편

010

나치는
왜 유대인을
학살했을까?

송충기

민음인

차례

홀로코스트는 왜 일어난 것일까?

안네 프랑크(Anne Frank, 1929~1945)라는 이름의 소녀는 한껏 밝고 명랑하게 살았어야 할 열여섯 나이에 나치의 강제 수용소에서 짧은 인생을 마감했다. 당시는 제2차 세계 대전이 벌어지고 있던 때였지만, 안네의 죽음은 폭격이나 전투와 같은 전쟁 상황과는 아무런 관련이 없었고, 적대국 군인에게 잡혀 살해당한 것도 아니었다. 오히려 안네는 같은 국민이었던 독일 정부에게 감금되어 수용소에서 비인간적 대우를 받다가 사망했다. 그녀가 자국의 안전을 해치는 스파이나 간첩이었던 것도 아니었는데도 말이다.

그렇다면 전쟁의 한복판에서 독일 정부는 왜 자신들이 보호해 주어야 할 같은 국민이었던 소녀를 사망에 이르게 했을까? 게다가 안네 외에도 가스실에서 수백만 명이 같은 방법으로 살해당했다. 대체 왜 이러한 일이 벌어진 것일까?

안네 프랑크는 유대인이었다. 독일 국민의 다수는 소위 게르만 인종이었고, 유대인은 독일 내 소수 인종이었다. 인종뿐 아니라 종교도 달랐다. 독일인 대다수는 가톨릭이나 개신교를 믿고 있었지만, 유대인은 자신들의 종교인 유대교를 신봉했다. 물론 유대인 가운데 일부는 기독교로 개종하기도 했지만, 여전히 많은 이들이 유대교도였다. 안네가 전쟁 중에 적대국이 아니라 자국 정부로부터 죽음을 당한 이유는 바로 그녀가 유대인이라는, 곧 독일의 소수 인종이었다는 데에 있었다. 소수 인종이나 소수 종교를 박해하는 일은 자주 있었지만, 그것은 대체로 먼 과거의 이야기였다. 또한 한 인종을 몰살시킨다는 것은 유례가 없는 일이었다. 20세기 소위 문명국가의 한복판에서 어떻게 그러한 일이 벌어질 수 있었을까?

1933년 독일에서는 바이마르 공화국이 붕괴되면서 나치가 정권을 잡았다. 나치는 권력을 쥐자마자 유대인들을 박해하기 시작했다. 사실 예로부터 대다수 독일인들은 유대인을 싫어했다. 하지만 근대 들어 유대인들이 해방된 이후에는 노골적으로 그들을 탄압하지는 않았다. 그러나 나치 정권은 달랐다. 독일인들은 유대인의 상점을 부수고 그들의 상품을 거부했다. 나치 정권은 뒤에서 이를 조장했고, 또 이를 이용해 정치적 이득을 얻었다. 유대인에 대한 노골적인 탄압과 차별이 시작되자, 안네 프랑크의 가족은 이를 피해 고국을 떠나 네덜란드 암스테르담으로 이사했다. 하지만 1939년 제2차 세계대전이 발발하여 네덜란드조차 나치에 점령당했고, 안네는 비참한 운명을 피할 수 없었다. 나치가 유대인들을 체포하여 강제 수용소로 보내기 시작하자, 안네 가족은 나치의 눈을 피해 1942년부터 숨어 지내게 되었다. 그렇지만 그녀와 가족들은 마침내 나치에 발각되어 강제 수용소로 끌려갔고, 안네의 꿈 많은 일생도 안타깝게 그곳에서 끝을 맺었다.

안네는 숨어 살기 시작한 무렵인 13세부터 일기를 쓰기 시작했다. 그 무렵 생일 선물로 받은 일기장에 어려운 상황에서도 날마다 글을 쓴 것이다. 이것이 바로 그 유명한 『안네의 일기(*The Diary of Anne Frank*)』다. 일기에서 안네는 "세상이 점점 황무지로 변해 가고 있고, 모두를 죽일지도 모르는 폭격의 소리를 듣고" 있다며 당시의 암울한 상황을 전한다. 하지만 "수백만이 고통을 느끼는" 그런 암흑 속과 같은 처지에서도, 그녀는 여전히 "사람들에게는 착한 마음이 깃들어 있을 것"임을 의심하지 않았다.

과연 아돌프 히틀러(Adolf Hitler, 1889~1945)를 비롯한 나치에게 안네가 기대하는 착한 성품이 깃들어 있었을까? 설사 그렇지 않다 하더라도, 왜 그들이 똑같은 인간인 수백만의 유대인에게 죽음을 강요했는지는 의문이다. 그러한 일은 또 어떻게 가능했을까? 히틀러는 자신의 저서 『나의 투쟁(*Mein Kampf*)』[1]에서 유대인을 몰살시키려는 강력한 의지를 보여 주며 이렇게 말했다.

"제1차 세계 대전 때 타락한 인종인 유대인을 전쟁터에 보내 독가스를 마시게 했더라면 수백만의 희생이 그리 헛되지 않았을 것이다."

이처럼 끔찍한 생각은 히틀러만 가지고 있었던 것은 아니었다. 그의 부하였던 수많은 나치 당원들도 히틀러 못지않게 유대인을 혐오했고, 유대인 말살에 앞장섰다.

이렇게 학살당한 유대인들 가운데는 젊은 사람들뿐만 아니

---

1) 히틀러가 쓴 정치 강령집. 1923년 11월 봉기에 실패하여 국가 반역죄로 감옥에 갇혔던 1924년부터 자신이 정치에 입문하게 된 이력과 자신의 세계관을 서술했다. 하지만 이 책은 자서전이라기보다는 나치 당을 모두 자신이 직접 관리하는 정당으로 만들기 위한 투쟁이나 선전을 염두에 둔 것이었다. 원래 두 권으로 되어 있었는데 제1권은 1925년에, 제2권은 1926년에 출간되었다. 특히 제1권은 바이마르 시대인 1920년대에 이미 베스트셀러가 될 정도로 널리 팔렸다. 1933년 나치가 정권을 장악한 후에는 정권의 권유에 힘입어 훨씬 더 많이 팔렸음은 말할 나위가 없다. 나치 정권 때 1000만 부가 넘게 팔린 것으로 추정 되는데, 병사들이나 새로 결혼한 사람들에게 선물로 나누어 주기도 했다. 최근 연구에 따르면, 히틀러는 책의 인세만으로도 엄청난 부를 축적했다고 한다. 그러나 이러한 높은 판매 부수에도 불구하고, 팔린 것에 비해 읽은 사람의 수는 훨씬 적었던 것으로 알려지고 있다.

라, 여성, 어린이, 노인 등도 많았다. 안네 프랑크는 그 가운데 한 명일 뿐이었다. 독일인들은 유대인을 '타락한 인종'으로 보고 그들을 학살했다. 말하자면 이들이 독일인에게 어떤 위협을 가하는 위험한 존재였기 때문이 아니라, 그냥 '타락했다'고 보았기 때문에 죽였다. 근거 없는 편견이 이렇게 수백만 명의 목숨을 앗아갔다. 반(反)유대주의가 대다수의 평범한 이들에게 희대의 살인마가 갖고 있는 광기를 주입시켰다. 그렇다면 히틀러를 비롯한 나치들이 살인마였던가? 결코 아니었다. 이들은 유대인 학살을 제외하면 아주 정상적인 삶을 영위했다. 영화 「쉰들러 리스트(*The Schindler's List*)」나 「피아니스트(*The Pianist*)」 등에 묘사된 것처럼, 잔혹한 강제 수용소 소장이나 나치들도 자기 가족에게는 아주 다정한 사람들이었다. 하지만 이들이 수용소에서는 악마로 돌변하여 유대인을 아무런 죄책감 없이 죽였다. 어떻게 그러한 일이 일어날 수 있었을까?

만약 이들이 살인 충동에 사로잡힌 살인마나 소위 악마가 아니라면, 곧 우리와 똑같은 평범한 사람들이었다면, 이들이 저지른 상상조차 할 수 없는 대량 학살을 어떻게 이해할 수 있을까? 또 만약 이들이 우리와 비슷한 사람이었다면, 오늘날 이곳에서도 그와 같은 일이 벌어지지 않을 것이라고 그 누가 장담할 수 있을까? 평범했던 사람들이 나치 이데올로기와 반유대주의에 심취해서 한때는 이웃이었고, 동료였던 사람들을 태연하고도 잔인하게 학살했던 것이 과연 이들만의 사건일까? 우리 역사에서 이와 비슷한 상황은 정말 없었을까? 우리가 그들과 다르다고 생각하는 것은 착각이다. 또한 그것이 재발할 위험성이 사라졌다는 것은 더욱더 큰 착각이다. 특히 우리가 그 원인을 찾아서 끔찍한 학살이 왜 일어났는지를 자세히 이해하지 않거나, 우리의 기억 속에서 지워 버린다면 말이다.

안네의 일기

제2차 세계 대전 당시 암스테르담으로 이주한 안네 일가는 그녀의 아버지가 경영하던 회사 근처에서 숨어 지냈다. 그동안 안네는 전쟁이 빚어낸 암울한 상황과 은신처의 모습, 그리고 십 대 소녀가 느끼는 감정을 고스란히 선물받은 일기장에 담았다. 1944년 9월, 같은 은신처에 숨었던 사람들과 함께 악명 높은 아우슈비츠 수용소로 끌려간 이후, 가족 대부분은 사망했다. 쇠약해진 안네 또한 그곳에서 장티푸스에 걸려 너무나 이른 나이에 안타까운 죽음을 맞이했다.

그녀의 일기는 안네 가족이 수용소로 끌려간 후 은신처를 정리하던 지인에 의해 발견되었다. 안네 가족 가운데 유일한 생존자였던 안네의 아버지 오토 프랑크(Otto Frank, 1889~1980)는 제2차 세계 대전이 끝난 후인 1947년, 네덜란드 어로 이 일기를 『숨은 집(Het Achterhuis)』이라는 제목으로 처음 출간했다.

안네가 일기에 밝힌 것처럼, 그녀는 다른 사람들에게 이 일기를 보여주는 것을 꺼려했다. 그러나 소녀의 눈으로 전쟁의 상황을 잘 묘사한 이 일기가 많은 사람들에게 그 시대를 이해하는 데 큰 도움이 될 것이라는 취지에서 출간이 이루어졌다. 1947년 판본에는 안네의 사춘기 감수성 등 개인적인 대목은 제외된 채 출간되었고, 이후 1980년대에 와서야 완역본이 간행되었다. 그 후에도 또 다시 제외된 부분이 등장하여, 2000년에 최종적으로 완역이 이루어졌다. 또한 이 일기가 가짜라는 주장이 끊임없이 제기되자 결국 과학적인 실험까지 동원하여 그 진위를 밝혀야 했던 우여곡절도 겪었다. 소녀의 섬세한 눈으로 본 전쟁의 참혹함과 유대인의 비참하고 굴곡진 삶을 잘 담은 이 일기는 20세기 가장 중요한 책 가운데 하나로 손꼽힌다.

1

문명화된 20세기에
왜 대량 학살이 자행됐을까?

- 20세기에는 얼마나 많은 사람들이 학살당했을까?
- 제노사이드와 홀로코스트란 무엇일까?

20세기에는 얼마나 많은 사람들이 학살당했을까?

문명화된 나라에서 사람들을 학살하는 일은 좀처럼 찾아보기 힘들다. 아니, 문명화되지 않았던 시기에조차 전쟁 때가 아니라면 사람들을 일부러 대규모로 죽이는 일은 극히 예외적으로 발생한다. 게다가 이 역시 주로 근대 이전 시기의 일이다. 근대에 들어서면서 자유와 인권에 대한 의식이 점차 성장했고, 이에 따라 사람을 죽이는 것은 물론, 사회적 차별을 가하는 것조차 점차 금기시했다. 그래서 많은 사람들은 문명화된 20세기에는 다른 사람들을 대량 학살하는 일이 일어나지 않을 것이라는 기대 섞인 전망을 내놓기도 했다.

하지만 그것은 천진난만한 낙관론에 불과했다. 우선 전쟁이 문제였다. 잠시 돌이켜 보아도 지난 세기에는 크고 작은 전쟁들이 유독 많았다. 게다가 전쟁의 규모가 그 이전과는 비할 수 없이 엄청나게 커졌다. 그야말로 '세계' 대전만도 두 차례나 겪었다. 다행히 20세기 후반에는 그렇게 큰 전쟁은 없었지만, 냉전이라는 묘한 세계정세 아래 국지전은 여러 번 있었다. 한국과 베트남에서 일어난 전쟁이 바로 그것이었고, 중동에서도 여러 차례 전쟁이 있었다. 그리 눈에 띄지 않은 게릴라전까지 합하면 20세기에 일어난 전쟁의 수는 훨씬 더 늘어난다. 제1, 2차 세계 대전에서만 수천만 명에 육박하는 병사가 사망했다. 사망자 수도 전쟁의 규모가 커짐에 따라 덩달아 늘어난 것이다. 물론 여기에는 총기류, 대포, 폭탄, 전폭기 등 살상용 화약과 병기가 급속도로 발전한 것이 상당한 영향을 미쳤다. 게다가 전투 방식이나 전술도 유례없이 교묘해졌다.

그렇지만 이것은 적어도 전투원끼리 전쟁을 치른 결과이다. 우리가 기억해야 할 것은 비전투원, 즉 민간인도 결코 적지 않은 수가 전쟁으로 희생당했다는 점이다. 특히 제2차 세계 대전 이후 공중 폭격이 보편화되면서 수많은 민간인이 사망했다. 히틀러가 런던을 수없이 폭격했던 것처럼, 연합군도 독일의 도시 드레스덴(Dresden) 등 몇 곳을 집중적으로 폭격하여 수많은 민간인 희생자를 낳았다. 미국이 두 차례에 걸쳐

일본에 떨어뜨린 원자 폭탄은 살상 무기의 가능성을 극단적으로 보여 주었다. 한국 전쟁과 베트남 전쟁은 또 얼마나 많은 사상자를 낳았던가! 게다가 이 두 전쟁에서 비전투원 사망자 수는 전투원의 그것을 뛰어넘었다.

이렇듯 지난 20세기는 죽음과 전쟁의 세기였다. 이뿐만이 아니다. 전시가 아닌 상황에서, 사람들이 자연사 외에 사고나 재해, 혹은 학살로 인해 사망한 수치도 이에 못지않다. 20세기에 학살당한 사람의 수는 최소 6000만에서 최대 1억 5000만 명이나 되는 것으로 추정된다. 실제로 20세기 초부터 대량 학살이 끊이질 않았다. 그 첫머리를 장식한 국가는 독일이었다. 1904년에 독일령 서남아프리카(현재 나미비아)에 거주하던 헤레로(Herero) 족이 반란을 일으키자, 독일군은 기관총과 대포를 앞세워 이들을 진압했다. 이때 독일군은 헤레로 족을 몰살시키고자 하는 의지를 보여 주기라도 하듯, 약 4~7만 명에 이르는 사람들을 학살했다. 생존자는 기껏해야 1만 5000~2만 명 정도에 불과했다. 독일군의 참살(慘殺)은 이것만이 아니었다. 그해 10월 나마(Nama) 족이 봉기를 일으키자 또 약 1만 명을 학살했다.

오스만 제국이 제1차 세계 대전 당시 소수 민족이던 아르메니아(Armenia) 인을 학살한 사건은 독일이 헤레로 족에게

행했던 것처럼 조직적인 참살이었다. 아르메니아 인은 그 이전인 1895년 전후와 1909년에도 추정컨대 10만 명 이상이 죽임을 당했다. 그리고 1915년에 벌어진 학살은 그보다 훨씬 더 대규모로, 더 잔인하게 이루어졌다. 제1차 세계 대전이 끝난 후까지도 계속된 이 학살로 모두 약 100~150만 명이 살해당하고, 대다수 아르메니아 인은 추방당해 유대인처럼 나라를 잃고 유랑의 운명을 맞이하게 되었다.

1917년 소련에서 공산주의 혁명이 성공을 거둔 후, 정권 정착기인 1920년대와 1930년대에도 수많은 대량 학살이 벌어졌다. 스탈린(Joseph Stalin, 1879~1953) 시대에 정치적으로 숙청당한 사람들을 제외하더라도, 1930년대 초 대(大)기근 당시, 우크라이나 지역에서 농민 수백만 명이 아사한 것으로 알려졌다. 소련 정부가 이들에게서 곡식 등 수확물을 모두 빼앗아가 굶어 죽었는데, 이렇게 아사한 사람 중 대다수는 우크라이나 민족이었다. 소련은 또한 1930년대 많은 민족들을 이주시키면서 수백 만 명을 참을 수 없는 고통 속에 밀어 넣었다.

20세기 후반에도 이러한 학살극은 멈추지 않았다. 캄보디아에서 폴 포트(Pol Pot, 1928~1998)를 주축으로 한 크메르 루주(Khmer Rouge) 정권의 지도자들은 1975년부터 1979년까지 정치적 반대자, 소수 인종, 외국인 등 약 170만 명에 달하

는 사람들을 학살했다. 또 보스니아의 세르비아 인들은 보스
니아 전쟁 때인 1992~1995년 수차례에 걸쳐 '인종 청소'를
벌였다. 특히 1995년에 스레브레니카(Srebrenica)에서는 보스
니아 계 이슬람 인 8000명 이상이 학살당했고, 2만 5000~3
만 명에 이르는 사람이 추방당했다. 1994년에는 르완다에서
도 대량 학살이 발생했다. 그 외 크고 작은 학살까지 합치면
이루 헤아릴 수 없을 정도이다.

　사실 대량 학살은 유럽이나 아프리카 등, 우리와 먼 나라들
만의 이야기는 아니다. 가깝게는 일본군의 난징 대학살이나
관동 대지진 당시 조선인이 당한 참극이 널리 알려져 있다.
또한 우리 자신에게도 '숨겨진' 대량 학살 사건이 적지 않다.
한국 전쟁 당시 수많은 민간인들이 국가 권력에 의해서 대량
학살당했다. 전투가 아닌 일방적인 학살은 어느 편에서나 수
시로 이루어졌다. 사실 알려진 것보다 알려지지 않은 학살이
더 많을지도 모른다.

제노사이드와 홀로코스트란 무엇일까?

　왜 이러한 일이 벌어진 것일까? 물론 몇몇 사례는 전쟁과

연관된 것이어서 그 영향이 전혀 없다고는 할 수 없다. 그렇지만 제아무리 적대국에 대한 증오심이 최고조에 달하는 전쟁 때라 하더라도, 한두 명이 아닌 대량 학살은 결코 단순한 일이 아니다. 게다가 피해자들은 전투원들이 아닌 평범한 민간인들이었다. 요컨대 대다수 학살은 전쟁의 영향을 받긴 했지만 전쟁과 직접적인 관계가 없는 일이었던 것이다. 더더군다나 소위 '문명화된' 20세기에 그러한 끔찍한 사건이 일어났다는 사실은 충격적이다. 중세나 고대에는 농노나 노예도 존재했고, 인명 존중 사상 역시 그리 강하지 않았다. 그래서 사람을 합리적인 이유 없이, 혹은 광신에 사로 잡혀 몇몇 사람을 죽였다고도 생각할 수 있다. 하지만 20세기가 아닌가! 이미 그러한 살인 행위에 대해 법적인 제제 장치가 충분히 마련되었으며, 그것을 범죄로 인식하는 사회적 합의가 존재한 시기였던 것이다.

게다가 이렇게 끔찍한 일을 저지르는 데 많은 사람이 참여했다. 왜 그들 모두가 이렇게 살인자가 되는 길을 마다하지 않았을까? 또한 학살당한 사람들 중에는 어린이, 여성, 그리고 노인 같이 힘을 쓸 수 없는 약자들도 많이 포함되어 있다. 그런데 이들까지도 아무런 거리낌 없이 학살에 동참한 것은 정말 이해하기 어렵다. 상대에 대한 증오심이 정말 뼛속까지 사무쳐서일까? 도덕과 윤리 의식을 뿌리치고, 게다가 있을지도 모를 법적 처벌을 감수하면서까지 이들이 그러한 범죄에 가담하게 된 까닭은 어디에 있을까?

아니, 우리는 거꾸로 물어보아야 할지 모른다. 근대에 들어서면서 인권과 윤리에 대한 의식이 발전한 것이 아니라, 오히려 개인과 생명을 경시하는 괴물을 키우고 있었던 것은 아닌가 하고 말이다. 20세기에 일어난 대량 학살은 우발적으로 일어난 것이 아니라 조직적으로 자행되었다. 개개인으로는 감히 사람이 사람을 죽이는 일을 상상할 수 없지만, 집단의 힘, 혹은 전체라는 이름의 힘이 이들에게 사람을 쉽게 죽일 수 있는 무기를 쥐어 준 것은 아닐까? 개인적 살인은 범죄지만 집단적 살인은 사회 전체의 합의를 기반으로 범죄가 아닌, 영웅적인 행동으로 둔갑한 것이 아닐까? 국가와 민족, 혹은 이데올로기가 집단적 살인조차 용인한 것은 아닐까?

사실 대량 학살이 조직적이고 집단적인 것이라면, 이를 자행하기 위해서는 몇 가지 요소가 필요하다. 우선, 국가와 같은 합법적 기구의 힘을 등에 업지 않고서는 불가능하다. 20세기에 벌어진 많은 대량 학살은 바로 국가가 직접, 혹은 적어도 국가의 지원을 받아서 이루어진 것들이다. 홀로코스트(Holocaust)도 히틀러 정권이 주도했고, 난징 대학살의 경우도 일본 정부가 용인하지 않았으면 불가능했다. 스탈린의 숙청 역시 물론 국가의 권위 아래 자행된 것이다.

둘째, 많은 사람들을 살인에 가담하게 하는 일은 아무리 국가라 할지라도, 권위로 겁을 주거나 위협을 가하는 것만으로는 결코 가능하지 않다. 물론 많은 경우에 국가와 조직의 강제성이나 집단의식이 이들을 살인에 '거리낌 없이' 가담하도록 만들었다. 하지만 그것만으로 부족하다. 이들 스스로 심취해서 기꺼이 살인에 동참할 수 있도록 하는 이데올로기가 반드시 필요하다. 나치즘이나 스탈린주의, 일본의 군국주의 등 다양한 이데올로기로 인해 이들은 자신들의 이데올로기에 방해된다고 생각하는 '적대자'들을 '제거'하는 일에 망설이지 않고 나섰다.

셋째, 한 집단의 일부 혹은 전체를 실질적으로 몰살시키는 일은 실제적인 조직이 동원되지 않으면 불가능하다. 대량 학살은 적게는 몇 천 명, 많게는 몇 백만 명을 살해하는 엄청난 일이다. 따라서 이러한 일을 수행하거나 전담하는 실질적인 조직체가 없으면 구체적으로 시행하기 어렵다. 그것이 국가 조직의 일부이든, 정당이든, 혹은 준군사 조직이든 지원자를 확보하여 무장을 갖추고, 대외적으로는 합법적으로 움직이는 조직이 필수적이다. 소위 학살의 계획을 구체적으로 세우고 그것을 실행에 옮기는 조직체가 동원되어야 한다는 의미다.

　이 책에서 다룰 홀로코스트는 20세기에 일어난 대량 학살 가운데 가장 대표적인 사례로, 제2차 세계 대전 당시 독일의 나치 집단이 유대인을 학살한 행위를 말한다. 20세기에 일어난 다른 대량 학살 가운데 홀로코스트는 피해자가 가장 많았으며, 가장 조직적이고, 철저하게 자행된 사건이다. 또한 지리적으로도 가장 넓은 지역에서 광범위하게 일어났기 때문에 그만큼 관련된 집단이나 사람들도 가장 다양했다. 게다가 이것은, 표현이 주저되지만(대량 학살 가운데 잔인하지 않은 것이 어디 있으며, 또한 잔인한 정도를 서로 비교하는 것도 불가능하지만) 가장 잔인했던 사건이다. 이처럼 한 집단을 대량 학살하는 행위를 제노사이드(Genocide)[2]라고 말한다. 여기에서는 이러한 제노사이드가 왜 발생하는지를 이해해 보고자 한다.

　이를 살펴보기 전에 참고할 사항이 두 가지 있다. 우선, 피

---

[2] 홀로코스트가 일어난 직후에 이를 경험한 많은 사람들이 재발을 방지하기 위해 노력했다. 폴란드 출신의 법학자 라파엘 렘킨(Raphael Lemkin)도 그 가운데 하나로, 유엔이 1948년에 '제노사이드 범죄의 방지와 처벌에 관한 협약'을 맺는 데 크게 공헌했다. 이 협약에 따르면, 제노사이드란 어느 국가적·인종적·민족적·종교적 집단의 전체 혹은 일부를 파멸시킬 의도를 가지고 실행된 행위라고 규정되어 있다. 쉽게 말하자면 어느 집단의 구성원을 일부 혹은 전부를 대량 학살하는 행위이다. 물론 그 대표적인 경우로는 제2차 세계 대전 때 독일 나치가 유대인을 학살한 홀로코스트를 들 수 있다.

해자인 유대인들이 홀로코스트를 '대량 학살 가운데 가장 대표적인 사건'이라고 표현하는 것에 반대하기도 한다는 점이다. 왜냐하면 많은 유대인들이 이것을 대량 학살 가운데 대표적인 하나의 사건이 아니라 그야말로 전무후무한, 유일한 사건으로 기억하고 싶어 하기 때문이다. 이들에게 홀로코스트란 한마디로 다른 사건과 비교 불가능한 유일무이한 사건이며, 자신들이 바로 그러한 사건의 피해자라고 인식하고 있다. 사실 홀로코스트에 그런 측면이 전혀 없는 것은 아니다. 이것을 다른 '일반적인' 대량 학살 사건과 비교하거나 혹은 보편적인 시각에서 인식할 경우, 홀로코스트의 특성을 외면해 버리게 되는 위험도 존재한다. 그러나 이것은 좀 더 전문적인 성격을 띠는 문제이다. 이 글의 목적은 보편적인 시각에서 홀로코스트를 이해하고자 하는 데 있으므로 여기에서는 홀로코스트를 대량 학살 가운데 하나의 사건으로 다룰 것이다.

둘째는 홀로코스트라는 용어의 문제이다. 요즘에는 홀로코스트라는 말보다 '쇼아(Shoah)'라는 말을 많이 사용한다. 이는 홀로코스트라는 말 자체가 '제물을 바친다.'는 뜻에서 나왔기 때문인데, 사건의 당사자인 유대인들은 이를 받아들이고 싶어 하지 않는다. 대신 쇼아라는 말은 '대참사' 혹은 '거대한 비극적인 사건'을 뜻한다는 점에서, 유대인들이 당한 대량 학살을 더 객관적인 입장에서 표현해 주는 용어이다. 유대인 영화 감독 스티븐 스필버그(Steven Spielberg)는 영화「쉰들러 리스트」를 만든 후 유대인 생존자들의 증언을 비디오로 담았는데, 이 작업을 진행한 재단 이름 역시 '쇼아'이다. 프랑스 영화감독 란츠만(Claude Lanzman)이 유대인 생존자들의 증언을 중심으로 만든, 러닝 타임 9시간 반짜리 영화 제목도「쇼아」이다. 하지만 홀로코스트라는 말이 널리 알려져 있으므로, 우리는 여기서 그냥 홀로코스트라고 부르기로 하자.

2

서양에서는
왜 유대인을 미워했을까?

– 기독교는 왜 유대교를 적대시하기 시작했을까?

– 근대 이후에도 반유대주의가 강력했던 이유는 무엇일까?

기독교는 왜 유대교를 적대시하기 시작했을까?

홀로코스트를 연구한 역사가 라울 힐베르크(Raul Hilberg, 1926~2007)가 1961년에 쓴 『유럽 유대인의 파괴(*The Destruction of the European Jews*)』를 보면, 다음과 같은 구절이 나온다.

"일찍이 기독교 선지자는 이렇게 말했다. '당신들이 유대교를 믿는 한, 우리와 함께 살 권리가 없다.' 이들을 뒤이어 등장한 세속의 지배자들이 이렇게 선언했다. '당신들은 우리와 함께 살 권리가 없다.' 드디어 독일 나치는 다음과 같은 법령을 만들어 냈다. '당신들은 살 권리가 아예 없다.'"

이처럼 독일 나치가 유대인을 증오하고 이들을 대량으로 학살했지만, 유대인을 증오한 사람들은 나치가 처음이 아니었다. 이미 오래전에 만들어졌고, 점차 극단적이 되었다. 유대인이나 이들이 믿는 유대교에 대한 이러한 적대감은 하루 아침에 생겨난 것이 아니라 오랫동안 형성된 일종의 편견이다. 또한 반유대주의는 히틀러 등 나치만 갖고 있던 생각이 아니다. 홀로코스트 당시에도 독일뿐 아니라 유럽 전체에 반유대주의가 팽배해 있었다. 또한 현재에도 이러한 편견이 완전히 사라진 것은 아니다. 지금도 많은 유럽 인들이 유대인이나 유대교에 거부감을 가지고 있고, 이를 은연중에 느낄 수 있다. 쉽게 생각하면 일본인이나 중국인에게 특히 강한 편견을 드러내는 한국인의 태도와도 같다. 이들에게서 느낄 수 있는 일종의 적대적 태도는 유대인과 그들의 종교에 대한 유럽 사회의 편견과 유사하다.

원래 유대인은 기원전 약 2000년 전부터 지금의 팔레스타인 지역에 살았다. 이들은 당시로서는 독특하게 유일신을 믿었다. 독특한 신앙 체계를 고수했던 이들은 여러 차례 박해를 당하는 등 어려움을 겪었지만, 자신들이 특별히 선택받은 민족이라는 믿음 속에서 흩어지지 않고 민족과 종교의 통일성을 유지했다. 예컨대 구약에 따르면, 유대인들은 이집트에서 노예가 되었지만, 모세가 이들 유대인 자손들을 이끌고 팔레스타인 지역으로 와서 왕국을 건설하여 번영을 구가했다(출애굽기). 그렇지만 이들은 또다시 기원전 6세기에 신바빌로니아에 정복당해 바빌론으로 끌려가(바빌론 유수) 온갖 고초를 겪었다. 이들은 다시 오래 기간 이국의 나라로 끌려가 살았지만, 민족적 유대감과 종교적 열망을 버리지 않았다. 다행히 유대인들은 이후 페르시아에 의해 해방되어 다시 고국으로 돌아올 수 있었다. 하지만 이들의 어려움은 이것으로 끝나지 않았다. 로마가 지중해 패권을 장악하면서 제국으로 성장한 것이다. 유대인이 살고 있던 팔레스타인 지역 역시 점차 로마 제국의 수중으로 들어갔고, 결국 유대인 거주 지역도 로마의 속주가 되었다. 그러다가 예수가 탄생하면서 유대인과 유대교는 또다시 엄청난 변화의 소용돌이에 빠져들었다.

팔레스타인 지역에 예수가 등장하여 그를 따르는 무리가 많아지면서, 유대교는 분열의 조짐을 보였다. 예수의 사상은 유대교 율법에서 출발했지만 예전의 율법을 반드시 고수하지는 않았다. 예수의 추종자들이 많아지자, 과거의 유대교에 충실한 사람들과 로마 제국은 그를 위협적인 존재로 여겼다. 그러한 분위기에서 예수가 십자가에 못 박혀 죽었고, 예수를 따르던 사람들은 유대교 지지자들이 예수를 밀고하여 결국 죽음에 이르게 했다는 증오심을 갖기 시작했다. 특히 예수가 십자가형을 받은 지 사흘 후에 부활했다는 소식이 전해지면서, 예수 추종자들은 이제 유대교에서 벗어나 새로운 종교, 곧 기독교를 정립하기 시작했다. 베드로와 바울의 선교 사업 덕분에 수많은 박해를 경험하면서도 기독교는 곧 로마 제국 내에 뿌리를 내리기 시작했다. 기독교는 콘스탄티누스 황제 치하에서 합법적인 종교로 인정받았고, 이어 로마 제국의 국교가 되었다. 이렇듯 유대교와 기독교는 원래 한 뿌리였지만, 예수의 죽음을 계기로 분열되었다. 게다가 기독교가 유럽 세계에서 승승장구하면서, 이들에게 배척당하던 유대인의 입지는 갈수록 좁아졌다. 결국 이들의 관계는 단순한 분열을 넘어, 서로 화합할 수 없는 적대적인 사이로 악화되었다.

유대인들은 예수 사후 얼마 지나지 않아, 예루살렘에서 로마에 대항하여 반란을 일으켰다. 하지만 오히려 로마 제국 군대에 진압당한 뒤 쫓겨나 '디아스포라(Diaspora)[3]'를 겪게 되었다. 나라를 잃은 채 유럽 전역을 떠도는 유랑자의 신세가 되고 만 것이다. 떠돌이 생활을 하던 유대인들을 더욱 곤혹스럽게 만들었던 점은 바로 중세 유럽 전체가 기독교 세계가 되었다는 것이다. 어디를 가나 기독교 세계이다 보니, 유대인은 기독교의 감시망에서 벗어나 살 수 없었다. 더욱이 기독교의

---

[3] 유대인들이 로마의 침공으로 전 세계로 흩어진 후, 1948년 이스라엘 건국 때까지 방랑을 거듭한 것을 말한다. 최근에는 유대인뿐만이 아니라 다른 민족도 조국을 떠나서 유랑 생활을 할 때 일반적으로 사용되고 있다.

권위는 더 막강해져서, 종교 생활뿐 아니라 일상생활까지 관장하게 되었다. 기독교도들은 이제 자신들과 다른 종교를 믿는 유대인을 달가워하지 않았으며, 유대인들 역시 기독교에 쉽게 동화하려 들지 않았다. 오히려 유대인들은 기독교인들의 박해를 참아 가면서 선민의식[4]에 더욱 매달렸다. 이들은 유대교의 생활 방식을 고집하며 좀처럼 기독교로 개종하지 않았다. 따라서 기독교도와 유대인 사이의 반감은 날이 갈수록 더욱 깊어졌다.

또한 중세 기독교 세계에서는 대금업이 엄격하게 금지되어 있었기 때문에, 기독교인들은 이 업종에 종사할 수 없었다. 그때 이 일을 떠맡은 사람들이 바로 유대인들이었다. 사실 유대인들은 이미 대금업에 뛰어난 자질을 갖고 있었다. 그들은 항상 경전을 읽어야 했기 때문에 중세에도 여전히 글을 아는 사람들이 많았다. 중세는 소위 '기사의 시대'로 용맹스러움이 강조되었지, 글이 강조된 시기는 아니었다. 따라서 기독교 사회의 문맹률은 매우 높았으며, 산술과 글쓰기 능력 없이는 불가능한 대금업에 종사할 수 있는 인원은 한정적이었다. 결국

---

4) 이것은 문자 그대로 어느 특정한 민족이 구세주로부터 선택을 받았다는 것인데, 특히 유대인들은 원래 선민의 사상이 있어, 자기 민족은 신으로부터 특별히 선택받은 민족이라고 생각했다. 따라서 구원도 제일 먼저 받을 것이라고 믿었다.

유대인은 기독교인들이 하지 않는 일들, 주로 상업 및 대금업에 관련된 일을 통해 생계를 이어 갔다. 이러한 유대인을 기독교인들은 돈만 아는 사람들이라고 생각했다. 셰익스피어의 희곡『베니스 상인(*The Merchant of Venice*)』에 나오는 유대인 고리대금업자 샤일록(Shylock)이야말로 유럽 인이 바라보는 전형적인 유대인의 모습이었다.

중세 유럽에서 유대인에 대한 불만은 이렇게 문학적으로만 표현되지는 않았다. 반유대주의가 유대인에 대한 실질적인 탄압으로 이어진 경우도 적지 않았다. 중세 말 흑사병, 전쟁, 반란 등 재앙들이 겹치고 가톨릭 세계에 대한 불만이 점차 고조되자, 종교적 질서에 대한 근본적인 회의론이 등장했다. 종교에 대한 확신이 흔들리기 시작하면서 대중들은 점차 불안해졌다. 이러한 불안감은 이후 유대인에 대한 적대감으로 표출되었다. 예컨대 흑사병처럼 전염병이 돌아 마을 사람이 많이 죽으면, 혹시 소수 집단인 유대인이 마을 공동 우물에 독을 푼 것은 아닐까 하고 의심하는 식이었다. 이러한 의심은 점차 유대인에 대한 근거 없는 풍문으로 자라났고, 결국은 유대인의 소행이라는 확신으로 바뀌었다. 유대인이 어린이를 잡아먹는다는 등 온갖 흉흉한 소문이 난무하면서, 공격은 점점 더 거세지고 빈번해졌다. 이러한 현상은 이후 나치 정권에서도 마찬가지였다.

근대 초 종교 개혁의 물결이 온 유럽을 뒤흔들어 놓았지만, 유대인에 대한 적대감은 결코 수그러들지 않았다. 특히 유럽에는 종교 개혁의 여파에도 불구하고 여전히 가톨릭이 강력한 힘을 발휘하는 지역들이 존재했다. 에스파냐도 그러한 곳가운데 하나였다. 이곳에 흘러들어와 정착했던 유대인 가운데는 기세등등한 가톨릭의 위력에 밀려, 가톨릭으로 개종한 사람도 많았다. 그러나 반유대주의로 인해 개종한 유대인조차 공직에서 추방당하는 지경에 이르렀다.

이보다 더욱 놀라운 일은 바로 종교 개혁의 물꼬를 튼 마르틴 루터(Martin Luther, 1483~1546) 역시 유대교에 적대감을 가지고 있었다는 사실이다. 신앙의 자유를 설파한 그도 유대인의 신앙에 대해서만은 관용을 베풀지 않았다. 루터는 처음에 유대인들에게 호의적으로 대하면서 그들을 가톨릭으로 개종시키려 애썼다. 하지만 앞서 말한 대로 유대인들은 정체성이 너무 강해서 쉽게 자신들의 종교를 포기하려고 하지 않았고, 결국 루터는 유대교를 공격했다. 1543년『유대인과 그들의 거짓말에 대하여(*Von den Juden und Ihren Lügen*)』라는 책에서 그는 유대인들을 "악독한 짐승, 독사와 마귀의 화신들 따위"로 지칭하고 유대인을 새끼 돼지와 함께 돼지 젖을 빠는 인간으로 묘사했다. 그가 한 충고 가운데는 유대인 교당을 불태우고, 그들의 집을 부수며, 기도서를 빼앗고, 유대인 율법학자인 랍비들이 가르치지 못하게 하며, 신분증을 압수하고 여행할 권리를 박탈하는 것이 포함되었다. 훗날 나치가 유대인 교당을 불태우면서 루터의 말을 내세웠던 것은 바로 이 때문이었다.

근대 이후에도 반유대주의가 강력했던 이유는 무엇일까?

근대 초에 여러 차례 종교 전쟁을 겪으면서 유럽 인들은 신앙의 자유가 얼마나 절실한 것인지 깨닫게 되었다. 종교 개혁으로 기독교는 가톨릭과 개신교로 양분되었지만, 완전한 신앙의 자유를 누릴 수 있었던 것은 아니었다. 신앙의 자유는 근대 사회의 주역이었던 시민 계층이 봉건 귀족의 지배를 무너뜨리면서 이룩할 수 있었다. 이러한 과정에서 유대인들도 사회적 차별에서 벗어나 드디어 시민의 일원으로 살아갈 수 있게 되었다. 다시 말해 유대인이 해방된 것이다.

물론 면밀하게 살펴보면, 유대인이 정말 사회에서 '해방'되었다고 말할 수 있는가에 대해서는 의문이다. 왜냐하면 유대인은 시민권을 획득하는 대신 기존의 유대인 공동체가 가지고 있던 자율성과 종교 지도자인 랍비의 민사 관할권을 포기해야 했다. 또한 그 과정도 일사천리로 진행된 것은 아니었다. 독일 지역만 하더라도 이후 1815년 빈 회의에서 왕정복고가 단행된 이후, 유대인 해방에 관한 제반 법률이 철회되기도 했다. 1871년 독일이 통일되면서 비로소 유대인은 다시 일반 시민과 동등한 권리를 회복했다. 유대인에 대한 종교적 차별은 철폐되었고, 해방된 유대인들은 직업을 선택할 수 있는 자유를 갖게 되었다.

이처럼 제한적이긴 했지만, 이제 유대인들도 기독교도와 비슷한 사회적 생활을 영위할 수 있게 되었다. 하지만 그렇다고 유대인에 대한 반감도 줄어든 것은 결코 아니었다. 아니 어떻게 보면 오히려 강해졌다고 해도 무방하다. 적어도 표면상으로는 종교적인 이유에서 비롯된 반유대주의는 수그러들었지만, 그보다 훨씬 더 강력한 새로운 편견이 19세기에 자리 잡았기 때문이다. 바로 인종적 차별이었다. 19세기 유럽에서는 민족주의가 들끓고 민족 국가가 형성되고 있었다. 이러한 민족적 유대감이 강조되면서 유대인은 각국에서 소외당했다. 당시 많은 유럽 인들은 유대인들이 자신들과 다르다는 편견을 가지고 있었다. 유대인들은 종교도, 문화도, 언어도, 인종도 달랐다. 이는 유대인을 공동체의 일원으로 받아들이기 어렵다는 것을 뜻했다.

게다가 해방 이후 유대인의 사회적 지위는 급속도로 상승했고, 대다수 유럽 인들은 이를 질투했다. 유대인들은 의사나 변호사, 교수 등과 같은 전문 직종이나 문학이나 예술과 같은 분야에 성공적으로 진출하기 시작했다. 또한 예전부터 종사하고 있었던 상업과 금융업에서도 여전히 두각을 나타냈다. 물론 군대 및 관료와 같은 조직체에서는 유대인을 배척하고 이들을 백안시했기 때문에, 그 안에서 직업적 상승을 이루기란 어려웠다. 그럼에도 여러 분야에서 드러난 유대인의 급격한 직업적 상승은 질투와 우려를 동시에 불러일으켰다. 이것은 곧 사회적 두려움으로 변해, 유대인이 세계를 정복할 음모를 꾸미고 있다는 등의 근거 없는 소문도 끊이질 않았다.

이러한 뜬소문은 반유대주의 감정을 더욱 부채질했고, 급기야 소문을 그럴듯한 사실처럼 믿게 하는 논리가 만들어지기도 했다. 아직 소수자로서 사회적 약자였고, 오랫동안 반유대주의적 편견 속에서 자라난 유대인들은 그 상황에 적극적으로 대처하기 어려웠다. 게다가 이러한 편견을 더욱 부채질한 것은 19세기에 발전한, 인종에 관한 갖가지 '과학적' 이론이었다. 주지하다시피 19세기 중반에는 프랑스의 고비노

(Joseph Arthur Comte de Gobineau, 1816~1882) 등이 인종의 불평등을 주장하기 시작했고, 이러한 주장은 곧바로 유럽 사회에 널리 퍼졌다. 19세기는 그 어느 때보다 사회적 발전을 낙관하고 거기에 온 힘을 기울였던 시기였던 만큼, 우수한 인종과 열등한 인종이 있다는 이론은 사람들을 매혹시켰다. 사람들은 우수한 인종이 늘어나면 사회 발전은 자동적으로 보장될 수 있다고 믿었다. 설상가상 이러한 인종학은 당시에 과학적 근거가 있는 것처럼 포장되었다. 이에 따라 유대인은 사회의 다른 인종과 다른 특성을 가진 사람들로 규정되기에 이르렀다. 유대인의 민족적 특성으로 탐욕과 부족한 애국심, 음흉한 측면이 부각되었다. 유럽 각국에서는 자국의 사회 발전을 위해서는 열등한 민족인 유대인이 사라져야 한다는 과격한 주장이 등장했다.

이에 따라 일반인들뿐만 아니라 저명한 학자나 유명 인사 가운데에도 반유대주의에 심취했던 인물이 적지 않았다. 독일의 유명한 민족주의 작곡가인 리하르트 바그너(Richard Wagner, 1813~1883)를 대표적인 사례로 꼽을 수 있다. 바그너는 1850년, 필명으로 『음악 속의 유대주의(Das Judenthum in der Musik)』라는 수필을 출판했다. 여기서 그는 동시대 유명 작곡가인 펠릭스 멘델스존(Jokob Ludwig Felix Mendelssohn-

Bartholdy, 1809~1847)과 같은 유대인들이 이질적인 외모와 행동 때문에 독일인에게 불쾌감을 준다고 했다. 또 그들은 얕고 인공적인 음악만을 쓸 줄 안다고 비난하며, 이는 유대인들이 '민족의 참된 정신'을 제대로 받지 못했기 때문이라고 설명했다. "유대 민족이란 순수한 인류의 고귀한 모든 것을 부정하는 숙명적인 적대자"라고도 했다. 더불어 "이들은 우리 독일인들을 파멸시키고 있음이 분명하고, 따라서 나는 이 유대인에 당당하게 맞서 최후까지 투쟁하는 독일인이 될 것이다."라고도 말했다. 나중에 히틀러는 그의 오페라를 암기했고, 어린 시절에는 바그너가 음악과 예술에서 유대인이 행한 부패한 역할에 퍼부은 통렬한 독설을 열심히 익혔다. 히틀러는 『나의 투쟁』이란 저서에서 유대인은 결코 창조적인 예술을 만들어 내지 못한다고 주장했는데, 이 대목은 아마 바그너의 저작에 영향을 받은 것으로 보인다.

유대인에 대한 증오심과 반발이 사회적으로 확산되면서 사회 문제로까지 발전했다. 그 대표적인 사례가 바로 19세기 말 프랑스에서 있었던 '드레퓌스(Dreyfus) 사건'5)이었다. 유대인이라는 이유로 스파이로 몰려 고초를 겪는 것은 프랑스 인 장교 드레퓌스에 국한된 일이 아니었다. 이는 유럽에 살고 있는 유대인에게는 언제, 어디서나 일어날 수 있었던 사건이었다.

또 반유대주의가 독일뿐만 아니라 여러 나라에 잠복되어 있던 문제라는 사실을 잘 보여 준다. 유대인을 박해하는 움직임은 러시아에서도 끊이지 않고 있었다.

이렇게 근대에 다시 유대인 배척 운동이 심각해지자 유대인들 사이에서는 남의 땅에서 억압받고 사는 것보다 자신들만의 조국을 다시 건설해야 한다는 움직임이 일어났다. 시오니즘(Zionism)이라고 불리는 이 운동을 주장한 사람은 헤르첼(T. Herzel, 1860~1904)이라는 오스트리아 출신 유대인이었다. 그는 유랑하는 삶에 종지부를 찍고 팔레스타인 땅으로 되돌아가서, 2000년 전의 조국을 부활시키자고 유럽의 유대인들에게 호소했다. 하지만 시오니즘에 대한 호소가 유대인들 사이에서 폭발적인 반향을 불러일으키지는 못했다. 왜냐하면 특히 서구에서는 '성공한' 유대인들이 적지 않았고, 이들은 사회적 명망과 경제적 안락을 성취하여 유대교를 버리거나 기독교인과 혼인하는 등 유럽 사회에 '동화'되었기 때문이다. 게

---

5) 1894년 유대인 출신의 프랑스 장교였던 드레퓌스가 독일에 군사 비밀을 빼돌렸다는 혐의로 기소되어 유배지에 감금되었으나, 실제로는 그가 억울한 누명을 썼던 것으로 나중에 판명되었다. 하지만 그가 유대인이라는 이유로 정치적 사건으로 비화되었고, 1898년 작가 에밀 졸라(Emil Zola, 1840~1902)가 「나는 고발한다(J'accuse)」라는 공개서한을 통해 그를 변호하면서, 프랑스 제3공화정 사회가 양 편으로 나뉘어 격렬한 논쟁을 벌였다. 드레퓌스는 후에 풀려났다.

다가 사회적으로 편견이 없는 조국의 땅에서 살기를 제아무리 바란다고 하더라도, 누가 오랜 시간 어렵고 힘들게 일구어 온 삶의 터전을 하루아침에 버리고 떠날 수 있었겠는가? 게다가 팔레스타인에 조국을 건설하는 일은 국제 분쟁을 야기할 수 있었고, 유럽 등 여러 국가의 도움이 없이는 불가능한 일이었다. 유럽의 여러 나라에서도 유대인 문제가 심각하다는 것은 알고 있었지만 그렇다고 이들에게 새로운 국가를 '건설해 주는' 일도 어려웠다. 요컨대, 나치의 만행을 실제로 경험하기 전에는, 유대인 스스로나 대다수 유럽 정부 모두 유대인들이 유럽에 그냥 눌러사는 편이 낫다고 생각했다.

3

나치는
왜 반유대주의를
강령으로 채택했을까?

- 나치즘은 어떻게 등장했을까?
- 나치는 어떻게 정권을 장악했을까?

나치즘은 어떻게 등장했을까?

    20세기 초 유럽 사회에는 반유대주의가 널리 퍼져 있었다. 유대인에 대한 증오심은 심각했지만, 그래도 전반적으로 보자면 아직까지는 잠재되어 있는 형편이었다. 사실 유럽 인들은 극심한 종교 분쟁을 극복하고 근대 시민 사회를 성립시켰기 때문에, 반유대주의가 사회적 정의와 인권에 끼칠 부정적인 영향을 심각하게 여기는 사람도 적지 않았다. '드레퓌스 사건'은 반유대주의의 심각성을 드러냈지만, 다른 한편으로 에밀 졸라와 같이 그 문제를 공론화하는 비판적 지식인들이 존재한다는 사실도 보여 주었다. 게다가 뒤늦게라도 결국 무죄 판결을 내리고 드레퓌스를 복권시켰다는 점에서, 프랑스 시민 사회가 그만큼 인권과 정의의 파수꾼 역할을 하고 있음을 역설적으로 대변하기도 했다.

그런데 이렇게 잠재적인 위험성을 지녔던 반유대주의가 왜 독일 나치 정권에 이르러 수면 위로 떠올라 끔찍한 대량 학살을 일으키는 동력이 되었을까? 우선 먼저 짚고 넘어가야 할 것은, 독일이 유럽 여러 국가 가운데에서 특별히 유대인에게 적대감을 지녔는가 하는 점이다. 만약 이 질문에 '예'라고 답할 수 있다면, 독일의 반유대주의가 나치를 불러오고, 그 결과 홀로코스트가 발생했다고 말할 수 있을 것이다. 그렇지만 여러 학자들의 연구에 따르면 반드시 그렇지는 않았다. 20세기 초 독일의 반유대주의는 주변 국가들에 비해 특별히 심각한 것은 아니었다. 물론 독일에 반유대주의가 존재했고, 단체들도 많이 있었으며, 독일의 많은 지식인들도 반유대주의적 감정을 갖고 있었다. 하지만 독일의 반유대주의는 다른 나라와 비슷한 정도였지, 홀로코스트를 저지를 만큼 유독 심각하지는 않았다. 그렇다면 무엇이 독일인들로 하여금 반유대주의 망령을 일으켜 나치가 정권을 잡고, 유례없는 범죄를 저지르도록 만들었을까?

이를 위해서는 나치가 정권을 잡을 때까지 독일이 어떤 상황에 처했는지를 먼저 살펴볼 필요가 있다. 왜 독일에서 나치가 정권을 잡고 반유대주의를 마치 국시처럼 떠받들게 되었는지를 물어보아야 한다. 독일은 1933년 나치가 권력을 장악하기 전에는 바이마르 공화국이라는, 당시로서는 가장 민주적인 제헌 국가였다. 그런데 나치의 등장으로 가장 민주적인 국가가 가장 독재적인 국가로 변모했던 것이다. 이 상황을 이해해야 홀로코스트가 왜 다름 아닌 독일에서 발생했는지를 이해할 수 있다.

바이마르 공화국 시기는 가장 민주적 헌법을 지녔지만, 가장 혼란스러운 시기이기도 했다. 이렇게 된 데에는 독일의 뒤늦은 산업화와 민주화가 한몫했다. 독일은 19세기 후반 국가 통일과 산업화를 이룩했지만, 이는 이웃 나라인 영국과 프랑스에 비해 뒤늦은 것이었다. 독일은 1870년 철혈 재상 비스마르크(Otto Eduard Leopold von Bismarck, 1815~1898)의 지휘하에 이웃 나라와 세 차례에 걸친 전쟁을 통해 통일 국가를 이룩했다. 하지만 이것은 자유를 대가로 한 것이어서 그 업적이 사실 많은 점에서 빛을 잃었다. 다시 말해 보수적 세력이 주도한 국가 통일 때문에 자유주의 세력은 분열되었고, 이후 독일에서 자유주의는 더디게 발전했다. 그러나 독일은 경제 성장에서만은 놀라운 성취를 이룩했다. 1914년 제1차 세계 대전이 발발할 즈음 독일은 당시 가장 발전한 산업 국가였던 영국을 위협할 정도였다. 이렇게 독일은 정치적으로는 발전이 지체되었지만 경제적으로는 놀라운 발전을 거둔, 특이한 근대화 과정을 겪고 있었다.

이렇게 낡은 정치 구조는 결국 독일이 정상적으로 발전하지 못하도록 발목을 잡고 말았다. 일단 독일은 제1차 세계 대전에 휩쓸리며 민주국가로 발전할 절호의 기회를 놓쳤다. 특히 제1차 세계 대전에 패배하면서 독일 사회는 걷잡을 수 없는 혼란의 소용돌이에 빠져들었다. 패전국 독일은 전쟁에 승리한 영국, 미국, 프랑스 등 연합국이 제시한 조약을 수용할 수밖에 없었다. 그 결과 황제가 퇴위하고 공화국을 선포하는 등 정치적으로 발전할 수 있는 면모를 갖추었지만, 그것은 패전의 결과이었지 독일 국민이 스스로 이룩한 업적이 아니었다. 그러므로 이 바이마르 공화국은 사실 속 빈 강정에 불과했다. 게다가 독일에는 뒤늦은 자유주의 발전으로 인해 급조된 바이마르 공화국을 운영할 만큼 충분한 민주적 경험이 결여되어 있었다. 정당은 사분오열되어 난립했고, 타협보다는 극단적인 대립이 난무하면서 좌우익은 폭력 행위도 불사했다. 정치권에 동원된 청년들은 난투극을 벌이거나, 대낮에 큰길에서 정치적인 암살도 서슴지 않았다. 게다가 패전 후 어려워진 경제 상황은 정치적 혼란을 더욱 부추겼다. 눈부신 경제 발전으로 하늘을 찌를 듯했던 독일인의 자부심은 하루아침에 땅에 떨어졌다.

독일인의 민족적 자존심을 더욱 구긴 것은 바로 전쟁 후 연합국과 체결한 베르사유 조약이었다. 베르사유 조약은 독일인들에게 전쟁 책임을 지우면서 막대한 배상금을 물렸고, 이에 따라 독일은 그동안 차지했던 식민지 등 여러 영토를 상실했다. 독일인들은 이것을 '베르사유 명령'이라고 부르면서 강한 반발심을 드러냈다. 패전과 베르사유 조약으로 자존심이 상할 대로 상한 독일인들은 자신들의 심리적 상처를 치유해 줄 세력을 찾고 있었다. 그들이 바로 나치였다. 이와 동시에 독일인들은 패전에 대한 화풀이 대상을 찾았다. 그들이 바로 유대인이었다.

나치에 대해서 이야기하기 앞서 이들의 지도자인 히틀러에 대해 먼저 말하지 않을 수 없다. 히틀러는 원래 독일인이 아니라 오스트리아 인이었다. 제1차 세계 대전 발발 당시 우연히 독일 남부의 중심 도시인 뮌헨에 머물고 있던 히틀러는 주저하지 않고 참전하여 공훈도 세우고 부상도 당했다. 전쟁이 끝나자 오스트리아에서 별다른 기회를 찾지 못했던 청년 히틀러는 뮌헨에서 정치에 참여하기 결심했다. 전쟁의 후유증과 미성숙한 민주주의로 매우 혼란한 정치적 상황이 오히려 그에게는 출세의 길이 될 수 있었기 때문이었다. 소수 정당이었던 국가 사회주의 독일 노동자당(National Socialist German Workers Party, NSDAP 혹은 간단히 나치 당)[6]에 가담하여 뛰어난 웅변술로 사람들을 사로잡으면서, 그는 일약 유명한 대중 선동가로 정치권에 이름을 날렸다. 당시 그가 대중들을 끌어모으는 방법으로 사용한 것 가운데 하나가 바로 반유대주의였다. 나치 당은 강력한 반유대주의를 내세웠다. 곧 이들은 게르만 족 혈통이 아닌 사람은 국민이 될 수 없다고 주장하며 유대인을 배척했다. 유대인은 독일에서 외국인으로 살아야 한다는 뜻이었다. 당시 독일에 거주하던 유대인들 가운데는 독일을 조국으로 생각하고, 제1차 세계 대전에서 히틀러와 마찬가지로 목숨을 걸고 싸웠던 사람도 있었다. 그럼에도 불구하고 나치 당이 보기에 유대인은 '내부의 적'이었다.

---

6) 나치 당의 정식 명칭은 '국가 사회주의 독일 노동자당'으로서, 원래 당의 명칭이 길다 보니 가장 맨 앞부분만을 독일어로 발음한 것이다. 이 정당은 원래 안톤 드렉슬러(Anton Drexler, 1884~1942)라는 사람이 1919년에 창당한 '독일 노동자당(Deutsche Arbeiterpartei, DAP)'에서 나왔다. 이 정당은 이듬해인 1920년에 나치 당으로 명칭을 바꾸었다. 나치 당의 이데올로기는 그 명칭에 노동자라는 용어나 사회주의자를 용어가 있기 때문에, 사회민주주의나 공산주의와 관련성을 상상하기 쉽지만, 전혀 그렇지 않았다. 오히려 강력한 반공주의와 극우적 민족주의를 전면에 내세웠다. 처음에는 대기업, 부르주아, 자본주의에 반대하는 강령이 보이기도 했지만 점차 그러한 색채가 줄어들고 민족적인 특성을 강조하는 반유대주의와 반공산주의가 두드러졌다.

히틀러는 이미 청년 시절 빈에서 정치적 선동가들이 어떻게 반유대주의로 사람들을 끌어모으는지 직접 목격했다. 히틀러가 젊은 시절을 보냈던 오스트리아의 수도 빈은 20세기 초 유럽의 중심지로, 활기가 넘치는 근대적인 도시였다. 때문에 이곳에는 성공한 유대인이 많았을 뿐만 아니라, 성공의 기회를 찾아 동유럽의 빈곤한 유대인들이 모여들기도 했다. 그렇지 않아도 유대인의 성공을 못마땅하게 생각하던 빈의 시민들은 헐벗은 유대인들이 '자신들의' 거리를 활보하는 모습을 그냥 지나치지 못했다. 정치가들도 이러한 군중들의 심리를 이용하여 반유대주의를 널리 선전했다. 히틀러는 빈에서 어떻게 반유대주의를 통해 대중들을 움직일 수 있는지 몸소 체험했고, 이 경험은 훗날 그의 주요한 정치적 자산이 되었다.

그렇지만 히틀러가 왜 반유대주의에 심취하게 되었는지는 분명하지 않다. 이에 대해서는 여러 가지 왜곡된 내용도 많다. 그 가운데 가장 유명한 것이 바로 유대인 미술 학교 선생에 관한 이야기이다. 화가를 꿈꾸던 히틀러는 미술 학교에 입학하고자 했지만 유대인 선생이 입학을 거부했기 때문에 유대인에 대한 증오심을 갖게 되었다는 것이다. 하지만 이것은 풍문에 불과할 뿐, 근거가 없는 이야기이다. 히틀러가 치렀던 입학시험에서 당락을 결정했던 시험관 가운데 유대인으로 추정되는 사람은 없었다. 오히려 히틀러가 빈에 거주할 때 유대인들과 허물없이 지냈고, 자신이 그린 엽서와 그림을 파는 데 그들의 도움을 받았다는 것도 널리 알려진 사실이다.

히틀러는 훗날 나치즘의 토대가 되는『나의 투쟁』이라는 책을 쓰게 되는데, 그 책에서 그는 빈 시절에 반유대주의자가 되었다고 말했다. 당시 길거리에서 만난 유대인들이 더럽고, 추잡하고, 게을러서 그들과 상종할 수 없다고 생각했다는 것이다. 하지만 이러한 그의 회고담도 사실 완전히 믿기 어려운 것이다. 왜냐하면『나의 투쟁』이라는 책 자체가 나치 당원에게 이념을 주입시키기 위해 쓰인 것이지, 히틀러가 과거를 온전히 기억하기 위한 것이 아니었기 때문이다. 따라서 그 책에는 왜곡되거나 짜 맞춘 내용도 많아 서술된 내용이 고스란히 진실일 것이라고는 믿기 어렵다. 오히려 역사가들은 제1차 세계 대전이 끝난 후 정치계에 입문하면서 히틀러가 반유대주의자가 되었을 것이라고 주장하기도 한다. 히틀러는 패전으로 충격받은 독일인들의 상처를 어루만져 줄 이념으로 반유대주의가 안성맞춤이라고 생각하고, 그것을 이용하고자 했기 때문이었다.

사회가 어수선하고 전쟁에서 패배한 심리적인 충격이 아직 채 가시지 않았던 터라, 독일인들이 충격에서 벗어나 민족적 자존심을 세우기 위해서는 무엇인가 희생양이 필요하다고 나치는 생각했다. 곧 자신들이 잘못해서 전쟁에 진 것이 아니라 누군가의 음모에 빠져서 그렇게 되었다는 것이었다. 나치는 그 책임을 질 사람으로 유대인을 지목했다. 예전부터 독일에서는 유대인들이 세계를 지배하기 위한 음모를 오래전부터 꾸미고 있다는 소문은 파다했다. 그렇지만 1920년대 당시 독일 유대인들이 나치가 선전하는 것처럼 그렇게 세계를 제패할 만큼 강력한 정치적 영향력을 갖고 있지는 않았다. 독일 전체 인구에서 차지하는 유대인의 비율은 1퍼센트도 채 안 되었고, 그 수는 50만 명을 약간 상회하는 정도였다. 물론 이들이 출판이나 언론계, 예술 및 전문직, 무역, 금융업 등에서 두각을 나타낸 것은 사실이었다. 1933년 통계에 따르면, 의사들 가운데 유대인이 차지하는 비율은 11퍼센트, 법률가의 경우 16퍼센트나 되었다. 그렇다고 이로써 유대인의 세계 정복이 가능하다는 주장은 터무니없는 것이었다.

그럼에도 유대인의 세계 정복 음모설은 끊이질 않았다. 유대인에 대한 질투심이 그 음모설을 키우고 있었다. 게다가 그때 마침 유대인의 세계 정복을 입증해 줄 문서가 하나 나타났다. 1905년 러시아에서 처음 나타난 '시온 장로 의정서(The Protocols of the Elders of Zion)'라고 불리우는 것이 바로 그것이었다. 이것은 유대인들이 세계를 정복하기 위해 여러 차례 회합을 가졌다는 내용을 담고 있었다. 그러나 이 문서는 위조된 것임이 곧 밝혀졌다. 하지만 1920년 의정서가 유럽 전역에서 영어와 독일어로 번역되어 출간되자, 반유대주의자들은 이제 유대인들의 음모가 낱낱이 알려지게 되었다고 환호했다. 나치는 이러한 분위기를 틈타 제1차 세계 대전에 독일이 패한 까닭은 바로 이러한 음모가 있었기 때문이라고 몰아갔다. 유대인들이 자본주의 진영의 금융을 손에 쥐고 있을 뿐만 아니라, 또 다른 한편에서 러시아 공산주의를 배후에서 조종하고 있다는 음모설이 계속 피어올랐다.

히틀러는 이러한 음모설에 휘말려 많은 대중들이 나치의 반유대주의를 믿는 것처럼 생각되자 1923년 과감하게 폭동을 일으켜 정권을 잡고자 했다. 하지만 이 폭동은 실패로 끝났고, 히틀러는 수감되었다. 하지만 당시 보수적이던 독일 사법부는 히틀러의 사상에 오히려 동정을 표시해, 그의 감옥 생활은 오래가지 않았다. 자신에게 우호적인 분위기를 간파한 히틀러는 투옥 당시 『나의 투쟁』이라는 책을 저술하여 오히려 나치의 이데올로기를 정립했고, 반유대주의를 공고히했다. 그에 따르면, 제1차 세계 대전에서 많은 독일인들이 희생하고 전쟁에 진 덕분에 유대인들은 많은 이익을 얻었다. 또 "만약 이처럼 부패한 유대인 가운데 1만 2000 내지 1만 5000명이 독가스로 이때 죽었다면" 전선에서 희생된 독일인 100만 명의 목숨을 구했을 것이라고 그는 주장했다.

1920년대 나치들은 유대인을 곧잘 세균이나 기생충으로 묘사했다. 유대인도 마찬가지로 인간에게 해악만 끼치기 때문에 박멸되어야 할 존재라는 것이었다. 더욱이 중요한 것은 유대인이 유대교를 버리고 기독교로 개종하더라도 혈통이 유대인이라면 어쩔 수 없다는 인종주의적 색채가 이때 더욱 짙어졌다는 점이다.

유럽에서 인종주의는 19세기 말부터 기승을 부리기 시작했는데, 그것이 이제 독일 사회에 널리 퍼지고 유대인이 그 희생자가 되었다. 따라서 사람들은 한번 유대인의 피가 섞이면 그 누구도 유대인처럼 타락하고, 이기적이며, 기생충과 같은 생활을 할 것이라는 망상에 빠졌다. 히틀러 자신도 자기 가문의 혈통에 유대인의 피가 섞이지 않았을까 하는 의심을 했다고 전해진다. 이제 유대인을 증오하는 독일인들은 유대인들을 벌레나 세균을 보듯이 대했다.

나치는 어떻게 정권을 장악했을까?

그럼에도 불구하고 1929년 대공황이 터질 때까지 독일에서 나치의 정치적 영향력은 그다지 크지 않았다. 따라서 반유대주의가 횡행했지만, 아직 유대인들이 구체적으로 신변의 안전에 위협을 느낄 정도는 아니었다. 여전히 많은 사람들은 나치를 비롯한 여러 극우 집단들이 획책한 반유대주의에 적극적으로 동조하지 않았다. 하지만 1929년 세계 경제를 미증유의 상태로 몰아넣은 대공황이 발생하자 상황이 급변했다. 당시는 독일의 경제가 전후 계속된 침체 상태에서 벗어나 막 안정기에 접어들던 때였다. 그런데 대공황이 닥쳐 경기가 갑자기 최악의 상태로 하락했고, 실업자 수는 날로 늘어났다. 독일인들이 이제 안도의 한숨을 쉬고 있을 때 받았던 충격이라 그 공포는 더욱 컸다. 그러자 정치적 상황도 돌변했다. 1930년 9월 선거에서 나치 당은 엄청난 득표율을 기록했다. 예전의 12석에서 107석으로 의석수가 껑충 뛰어 두 번째로 의석수가 많은 정당이 되었다. 그 2년 후인 1932년 7월에 치러진 선거에서 나치는 득표율 37.3퍼센트와 의석 230석을 확보하여 제1당으로까지 부상했다. 경제에 대한 불안감이 나치를 정치적으로 급성장시킨 것이다.

1932년 11월 경제 위기가 조금씩 진정될 기미를 보이자, 나치의 득표율은 오히려 낮아졌다. 의석수도 감소했다. 따라서 승승장구하던 나치의 정치적 행보도 이제 막을 내린 것처럼 보였다. 그런데 예기치 않게 히틀러에게 권력의 문을 열어 준 집단이 있었다. 바로 권위주의적 보수 정치가, 부유한 기업가, 그리고 군 장성 들이었다. 이 보수주의 일당은 막후에서 나치를 이용해 이득을 취하고자 했다. 이들은 히틀러를 내세워 민주적인 바이마르 공화국에 최후의 일격을 가하여 이를 와해시키고자 했다. 어리석게도 이들은 자신들이 히틀러와 같은 '풋내기' 정치가쯤은 언제라도 뒤에서 잘 통제할 수 있을 것으로 보고, 히틀러를 수상의 자리에 앉혔던 것이다. 공화국을 항상 혐오해 왔던 이들 반동 엘리트들은 히틀러를 길들여 자신들의 뜻대로 움직이게 할 수 있으리라고 여겼다. 하지만 그것은 도박이었고, 그 결과는 최악이었다. 일 년 후 이들은 히틀러 정권에서 목숨을 부지하는 것만으로도 더할 수 없이 감사해야 할 처지에 놓이게 되었다.

바이마르 공화국 시기에 유대인을 증오하던 많은 독일인들은 히틀러와 마찬가지로 유대인이 '자기들의' 나라에서 아주 사라져 주었으면 하는 기대감을 갖고 있었다. 그렇지만 아직까지는 유대인을 몰살하겠다는 생각을 분명하게 드러내지 않았다. 그것은 히틀러도 마찬가지였다. 그러나 이제 정권을 잡은 나치 당은 공권력을 이용하여 합법적인 조치를 통해 반유대주의 정책을 추진할 수 있었다. 반유대주의 정책은 폭주 기관차처럼 앞으로 달리기 시작하여 결코 뒤로 물러서는 법이 없었다. 그 종착역이 바로 홀로코스트였다.

제1차 세계 대전 후 반유대주의를 강령으로 내세우며 등장한 나치 당은 보수주의자들의 도움으로 정권을 장악했다. 그리고 이때 홀로코스트라는 엄청난 비극은 이미 잉태되었다.

4

나치는 유대인을
어떻게 박해했을까?

- 일상에서 유대인은 어떻게 박해당했을까?
- 나치 치하의 반유대주의는 어떻게 변모했을까?

일상에서 유대인은 어떻게 박해당했을까?

1933년 1월, 히틀러가 수상에 임명되어 마침내 그토록 바라던 정권을 장악했다. 어떤 사람들은 나치가 정권을 장악하기 위해 반유대주의를 획책했으나, 이제 권력을 잡았으니 유대인 정책이 오히려 완화될 것이라는 기대 섞인 예측을 하기도 했다. 하지만 이것은 그야말로 환상이었다. 나치는 이미 정권을 잡는 과정에서 반유대주의의 정치적 파괴력을 실감했다. 반유대주의는 포기하기에 아까운 효과 만점의 정치적 무기였다. 게다가 나치 정권은 아직 안정되지 않았다. 나치가 보기에 외부에는 여전히 유대인과 함께 사라져야 할 '또 다른 적들'인 공산주의자들과 사회주의자들이 건재했고, 내부에서는 노회한 보수주의자들이 막후에서 자신들을 조종하고 있었다. 실제로 내각 구성을 보면 히틀러와 나치의 제2인자인 괴링 등 단 세 사람만이 포함되어 있을 뿐 다수는 아직 보수주의자들이었던 것이다. 히틀러가 원한 권력은 그런 것이 아니었다. 그래서 이러한 내부와 외부의 '적'들을 한꺼번에 분쇄하고 나치 지지자들을 계속해서 결속시키기 위해서는 지속적으로 대중을 동원해야 했다. 그리고 이들 대중을 모으기 위한 열쇠 가운데 하나는 바로 반유대주의였다.

그러나 무엇보다도 나치 스스로 유대인을 '제거'해야 한다는 확신을 갖게 되었다. 이제는 정치적 수단으로서 반유대주의가 갖는 위력이 문제가 아니었다. 독일 땅에서 유대인을 추방하는 것은 이제 단순한 일종의 정치적 수단이 아니라 정치적 확신, 정치적 목표로 점차 바뀌었다. 바이마르 공화국 시기에 이들은 때로는 거리에서, 때로는 선거 유세장에서, 때로는 맥줏집에서 반대자들과 세력 다툼을 벌였다. 이들의 투쟁이 치열해지면 치열해질수록 양쪽의 주장은 더욱 단순화되고 극단적이 되어 갔다. 그만큼 양쪽 사이의 타협점이 좁아지면서 정치적 해결보다는 대중 선동이 더욱 위력을 발휘하게 되었다. 이 시점에서 필요한 것은 동조 세력을 규합하는 것이고, 이를 위해서는 인종주의나 민족주의와 같은 감성에 토대를 둔 이데올로기가 필요했다. 그러니 나치와 나치 추종자들에게 반유대주의는 단순한 정치적 수단이 아닌 목숨을 내건 정치적 목표였고, 순교라도 해야 할 종교적 신념으로 자라났다. 이에 덩달아 반유대주의 내용도 더욱 극단으로 치달았다.

게다가 반유대주의는 우생학에 힘입어 '과학'으로 거듭나고 있었다. 나치는 자신들의 신념이 일종의 사회적 편견이 아니라 과학에 토대를 둔 것으로 착각했다. 사실 엄밀하게 말하면, 우생학이 반유대주의에 '과학적 토대'를 제공한 것이 아니라, 오히려 그 열망이 우생학을 과학으로 키워 냈다. 어쨌거나 우생학의 영향으로 반유대주의는 과학이라는 단단한 외피를 두를 수 있게 되었다. 거기에 나치 집권으로 공권력과 합법성까지 갖추게 되어, 이제는 더 이상 거칠 것이 없었다.

나치가 집권할 즈음 세계 대공황은 서서히 끝나 가고 있었다. 점점 회복하고 있는 경제 상황은 어찌 보면 나치 입장에서는 양날의 칼과 같았다. 경제 회복이 나치의 뛰어난 경제 정책 때문이라고 생각할 수 있다는 점에서는 정치적으로 유용한 칼날이었지만, 경제 회복으로 대공황 시기에 잠시 이성을 잃었던 대중들이 다시 그것을 되찾으면 나치의 지지 기반이 허물어질 수 있다는 점에서 위험한 칼날이었다. 사실 대공황 직후에 보여 주었던 나치에 대한 전폭적인 지지는 점차 하향세를 타고 있었다. 이는 나치가 대중 선동의 수단으로서 반유대주의를 포기할 수 없었다는 것을 의미한다.

나치는 처음부터 노골적으로 유대인에게 테러를 가했다. 그것은 정권을 잡은 나치의 자축 행사였을 뿐만 아니라, 다른 한편으로는 유대인들에게 그들의 처지가 어떠한지 알려 주는 일종의 경고였다. 그리고 정권 장악으로 자칫 동력이 떨어질 수 있는 나치 운동의 지속성을 유지하기 위한 전략이기도 했다. 나치가 정권을 장악한 직후 유대인들과 나치에 저항하는 사람들은 나치 행동 대원이 닥치는 대로 저지르는 폭력에 속수무책으로 당해야만 했다. 1933년 4월 1일 유대인 상점과 기업의 물건을 불매하는 운동이 펼쳐졌다. 선전부 장관인 괴벨스는 이 불매 운동이 독일인의 '자발적 행위'였다고 했지만, 그것을 곧이곧대로 믿는 사람은 없었다.

유대인 상점에 대한 보이콧은 앞으로 다가올 피비린내 나는 박해의 서막에 불과했다. 나치는 이후 일주일도 채 못 돼 공무원 임용에 관한 새로운 법을 제정해 '비(非)아리안 족'[7]

---

7) 언어학상으로 이 단어는 인도·게르만 어의 한 갈래인 인도·이란 어 계통을 뜻한다. 인도 및 근동 지역에 살던 인도·게르만 계통의 귀족들이 스스로를 아리안 족이라고 불렀던 것이다. 그러다가 19세기 인종학자들이 백인종에서 가장 뛰어난 민족을 게르만 족으로 부르는 용어로 정착시켰다. 나치는 이 용어를 이용해 유대인을 차별했다. 학문적 근거 없이 오로지 정치적으로 독일과 유대인을 구별하는 장치였던 것이다. 그래서 공무원은 '아리안'임을 증명해야 한다든지, 혹은 기업은 '아리안의 것'으로 만들어야 한다는 등의 차별 정책을 강화시켰다.

태생, 곧 유대인 등을 공무원직에서 추방했다. 유대인의 애국심을 공개적으로 의심하는 처사였다. 제1차 세계 대전 때는 전쟁에 참가한 수많은 유대계 독일인을 믿지 못해서 비밀리에 이들의 신원을 파악하는 소동을 벌였는데, 이제는 노골적으로 유대인 출신이 공무원이 되지 못하도록 막아 버린 것이었다. 게다가 유대인이 대거 진출했던 법조계와 의료계도 마찬가지였다. 인종 차별적인 법으로 인해 유대인 출신 변호사 1400명이 자격을 박탈당했고, 판사와 검사 381명도 공직에서 해임되었다. 이어 1934년 연말까지 유대인 출신 변호사 가운데 70퍼센트, 그리고 법무사 가운데 60퍼센트가 일자리를 잃었다. 의료계에서는 1935년까지 독일의 유대인 출신 의사 가운데 절반 이상이 일을 박탈당했고, 이후 5년도 채 지나지 않아 거의 모든 유대인 의사들이 일자리를 잃었다.

역시 유대인들의 진출이 두드러졌던 경제 부문에서도 히틀러는 유대인에게 적대적인 정책을 서서히 펼쳐 나갔다. 그 결과, 1935년까지 유대인 기업체 가운데 4분의 1이 해체되거나 아주 싼값에 '아리아 인들의 것'이 되었다. 유대인 출신의 과학자, 예술가, 언론인, 작가 등 수천 명도 이러한 인종 차별에 시달렸다. 따라서 많은 사람들이 조국을 등지고 해외로 떠났다. 그 가운데에는 아인슈타인(Albert Einstein, 1879~1955)

과 같이 노벨상 수상자와 국제적인 명성을 누리고 있던 인물도 다수 포함되어 있었다. 1933년에만도 유대인 학자 200명 이상이 독일을 떠났다. 나치가 통치를 시작한 첫해 내내 유대인 약 4만 명(약 10퍼센트)이 독일을 등졌는데, 이들은 그나마 해외에서 새로운 생활을 시작할 만한 형편이 되는 사람들이었다. 이들은 주로 이웃 나라인 프랑스, 벨기에, 스위스, 그리고 네덜란드로 이주했다. 하지만 이들 나라도 반유대주의로 몸살을 앓고 있기는 마찬가지였다. 특히 대공황의 경제적 후유증에서 헤어 나오지 못하고 있던 탓에 유대인들은 이곳에서도 환영받지 못했다. 게다가 난민이었던 이들은 재산 대부분을 독일 당국에 몰수당해 이주에 더 큰 어려움을 겪고 있었다.

그러자 옛 조상들의 땅이었던 팔레스타인 지역이 많은 독일 거주 유대인에게 비로소 현실적인 전망을 제공하는 듯싶었다. 독일 당국도 유대인의 팔레스타인 이주를 환영했다. 나치는 그렇게 해서 독일 땅에서 유대인을 추방하고자 했다. 그래서 이곳으로 이주하는 사람들은 일부 재산의 손실을 보았지만 다른 지역에 비하면 그런대로 이주 조건이 나은 편이었다. 특히 팔레스타인 지역의 유대인들은 이후 홀로코스트 당시 독일과 가까운 유럽 국가에 비하면 지리적으로 훨씬 더 멀리 떨어져 있어 목숨을 부지할 수 있었다. 이는 물론 영국 제

8군단이 1942년 말 북아프리카 사막에서 롬멜(Erwin Johannes Eugen Rommel, 1891~1944)이 이끄는 독일군을 격파했기에 가능한 결과였다.

1933년 5월에는 현대판 분서갱유가 시작되었다. 모든 주요 유대 작가들의 책이, 기독교도이긴 하지만 '퇴폐적인', 혹은 나치 이데올로기에 반대한 작가들의 책들과 함께 전국 각지의 시청 앞 광장에서 소각되었다. 그 유대인 작가 가운데는 마르크스(Karl Heinrich Marx, 1818~1883), 프로이트(Sigmund Freud, 1856~1939), 아인슈타인, 쿠르트 투홀스키(Kurt Tucholsky, 1890~1935), 하이네(Heinrich Heine, 1797~1856), 트로츠키(Leon Trotsky, 1879~1940)와 같이 널리 알려진 '불온한' 유대계 인물들이 섞여 있었다.

곧바로 이민 길에 오르지 않는 사람도 많았다. 이들은 광분한 나치들의 행동에 큰 충격을 받았지만, 이것이 곧 사라질 것이라고 믿고 있었다. 특히 이미 독일 사회에 아주 잘 적응하여 문화와 언어가 다른 나라에서 살 엄두가 나지 않는 유대인이거나, 아주 부유해서 이민을 갈 경우 잃을 재산이 많은 사람들은 나치의 반유대주의가 곧 잠잠해질 것을 기대하고 있었다. 독일의 유대인이자 기독교로 개종한 언어학자 빅토르 클렘페러(Victor Klemperer, 1881~1960)는 종교적인 갈등은 어디에나 있는 것이고, 반유대주의란 다른 사회적 갈등이나 지역 갈등과 별다른 차이가 없는 것으로 여겼다. 그들 중 누구도 홀로코스트와 같은 미증유의 범죄가 준비되고 있다는 공포심을 갖고 있지 않았던 것이다.

유대인 출신이자, 열렬하게 독일을 사랑한 과학자 프리츠 하버 (Fritz Haber, 1868∼1934)

프리츠 하버는 질소와 수소를 합성하여 암모니아를 개발하여(하버-보쉬 법) 화학 비료 제조의 길을 개척했으며, 그 공로로 1918년 노벨상까지 수상한 뛰어난 학자였다. 그는 유대인 출신임에도 불구하고 조국 독일에 대해서는 그 누구에게도 뒤지지 않는 열렬한 애국자였다. 제1차 세계 대전 때에는 독일의 승리를 위해 화학 가스 사용까지 옹호하여 전쟁 범죄자라는 오명을 얻기도 했다. 하지만 그의 불타는 애국심도 나치의 이데올로기 앞에서는 아무런 의미가 없었다. 1933년 정권을 장악한 나치는 그가 단지 유대인이라는 이유로 그를 추방시키기로 결정했다. 그의 추방을 막기 위해, 역시 노벨상을 수상했던 독일인 저명한 과학자 막스 플랑크(Max Planck, 1858~1947)가 히틀러를 만나 그가 얼마나 '조국'인 독일에 기여한 바가 많은지를 설명했다. 하지만 그가 히틀러로부터 들은 대답은 이러했다.

"유대인이 그 어찌 다르겠소, 유대인일 뿐이지."

하버는 곧바로 추방당해, 다음 해 스위스 바젤에서 망명객으로 쓸쓸하게 사망했다.

나치가 집권한 지 2년이 되자 정권은 안정되었고 대공황의 여파도 수그러들었다. 그러자 나치는 다시 위기의식을 느꼈다. 정치와 경제가 안정되었다는 것은 기존의 방식으로는 반유대주의도 더 이상 독일인에게 효과가 없을 수도 있다는 것을 의미했다. 심리적 안정을 찾은 독일인들이 그동안 현혹되었던 나치의 선전으로부터 서서히 깨어날지 모르는 일이었다. 이에 나치는 연합국에 의해 금지되었던 재무장을 서두르고 주변 국가를 침략해서 민족주의적 감정을 자극하여 이러한 광기를 이어 가고자 했다. 또한 선전·선동 활동을 강화하고 반유대주의 정책도 더 극단적으로 추진하고자 했다. 그 결과 나치의 반유대주의 정책은 이제 정치적·사회적 차별에서뿐만 아니라 인종적인 측면에서도 서서히 그 모습을 드러내기 시작했다.

유대인 과학자와 원자 폭탄

히틀러는 유대인 출신 과학자를 불신하고 이들을 과감하게 추방시켰다. 이때 추방된 유대인 과학자 가운데에는 아인슈타인, 프리츠 하버, 오토 프리쉬(Otto Frisch, 1904~1979), 여성 과학자 리제 마이트너(Lise Meitner, 1878~1968) 등이 있었는데, 하버를 제외한 대다수가 나중에 원자 폭탄을 만드는 데 직간접적으로 영향을 미쳤다. 아인슈타인은 루스벨트(Fanklin Delano Roosevelt, 1882~1945) 대통령에게 원자 폭탄의 중요성을 일깨우는 편지를 썼고, 프리쉬는 직접 발명에 참여했다. 이탈리아 인 페르미(Enrico Fermi, 1901~1954)도 부인이 유대인인 까닭에 훗날 나치와 손잡은 무솔리니(Benito Mussolini, 1883~1945)의 탄압을 피해 미국에 와서 원자 폭탄을 만드는 소위 '맨해튼 프로젝트(The Manhattan Project)'를 주도했다. 이처럼 히틀러가 재능 있는 유대인 과학자를 대거 추방함으로써 미국의 제2차 세계 대전 승리에 기여했다는 이야기도 나온다. 이밖에도 많은 유대인 과학자들이 히틀러의 박해를 피해 미국으로 갔는데, 이는 미국의 과학 발전에도 적지 않은 영향을 미쳤다. 과학 분야 이외에도 학문과 예술 분야에서도 비슷한 양상이 발견되었다.

나치 치하의 반유대주의는 어떻게 변모했을까?

나치는 1935년 소위 '뉘른베르크 인종법'을 만들었다. 이 법률은 겉으로는 '독일인의 혈통과 명예를 보호한다'는 구실을 내세웠지만, 실제로는 유대인의 시민권을 박탈하려는 법이었다. 이 법률에 따르면, 혈통상 유대인은 세 부류가 있었다. '순혈 유대인', '제1혼혈 유대인', '제2혼혈 유대인'이 바로 그것이었다. 조부모 및 외조부모, 곧 조상 네 명 가운데 몇 명이 유대인인가에 따라서, 그리고 본인이 유대인과 결혼했는지, 혹은 유대교를 믿고 있는지에 따라서 그 부류가 달라졌다. 유대인 사이의 이러한 구분이 처음에는 별것 아닌 것처럼 보였지만, 나중에는 생사를 가늠하는 문제가 되었다. 문명화된 '법치 국가'에서 혈통과 종교에 의거하여 법 앞의 평등을 거부하는 법률이 통과된 것이었다.

이처럼 독일에 살고 있던 유대인들은 소위 '이등 시민'으로 전락했지만, 이들 가운데 많은 사람들은 지푸라기라도 잡는 심정으로 계속 그곳에서 살 수 있을 것이라는 희망을 결코 포기하지 않았다. 바로 그다음 해인 1936년 베를린 올림픽이 열리자 유대인에 대한 차별이 약간 완화되었기 때문이었다. 나치는 올림픽 때문에 전 세계의 이목이 독일로 집중되자, 악랄한 정책을 잠시 보류했다. 심지어 국제적인 비난을 피하기 위해서 유대인 선수의 경기 참여를 허용하기까지 했다. 그렇지만 그것은 일시적인 조치였을 뿐이다.

1936년 올림픽이 끝난 한 달 뒤, 히틀러는 자신의 조국 오스트리아를 독일에 병합시켰다. 같은 게르만 족으로서 언어와 문화가 같았던 독일과 오스트리아의 병합은 유대인을 배격하는 인종주의적 선전 활동을 강화시키는 계기가 되었다. 오스트리아 수도 빈에는 거의 20만 명에 달하는 유대인 공동체가 존재했다. 빈은 독일 제국에서 이들 유대인을 강제로 신

속하게 추방하는 모범 도시로 탈바꿈했다. 이곳의 유대인들은 한동안 이례적으로 폭력적이고 야만적인 위협에 시달렸고, 나치 돌격대(SA)에 의해 강제 동원되어 많은 구경꾼들이 야유를 던지며 지켜보는 가운데 조그마한 솔을 들고 빈의 포장도로들을 깨끗이 닦아야 했다. 유대인 사업가들은 순식간에 재산을 몰수당했고, 오스트리아 나치 행동 대원들은 뻔뻔스럽게도 유대인들의 집을 차지했다. 히틀러가 젊었을 때 목격했던 오스트리아의 반유대주의 전통은 이곳을 점령한 독일인들조차 깜짝 놀라게 할 정도로 크게 되살아났다. 1938년 3월 히틀러가 금의환향할 때 빈 시민들이 보여 준 열광적인 환영 답례는 억제되었던 유대인에 대한 증오심을 폭발시키는 촉진제로 작용했다.

극단적인 반유대주의 조치를 채택한 오스트리아 방식은 독일 자체 내에서도 즉각 채택되었다. 유대인이 운영하던 대기업을 완전히 '아리안화'하는 작업이 추진되었다. 한마디로 유대인들이 소유하던 기업체를 강제로 빼앗아 게르만 족에게 넘긴다는 것이었다. 1938년 4월 26일에 나온 법령은 유대인들이 모든 재산을 신고하도록 의무화했고, 1938년 6월에는 이미 유대인 사업체에 대한 강제적인 '아리안화'를 규정한 법안이 등장했다. 유대인 재산에 대한 체계적인 소유권 박탈과

몰수 조치가 뒤따랐다. 독일 경제에서 유대인을 완전히 격리시키는 이 조치로 인해 그때까지 독일에 머물고 있던 유대인들도 히틀러 정권에 대한 희망을 버리고 이민 행렬의 막차를 타고자 했다. 1년이 약간 넘는 기간 동안 독일의 유대인 약 12만 명이 거의 빈손으로 이 나라를 떠났다.

히틀러 정권이 오스트리아뿐만 아니라 체코까지 점령하자, 영국과 미국 등은 이에 우려를 표명했다. 또한 독일 지역에서 유대인을 추방하는 조치가 잇달아 행해지자, 주변국들은 이에 경고를 보냈다. 1938년 7월, 프랭클린 루스벨트 미국 대통령의 주도로 독일과 오스트리아에서 추방당한 유대인 난민들의 비참한 상황에 대처하기 위한 국제회의가 프랑스 에비앙 (Evian)에서 열렸다. 하지만 흥미롭게도 이 회의를 준비하는 사람들은 이것이 단지 유대인만을 위한 것이 아니라 모든 나라에서 피난 온 정치 난민들을 다루는 회의라는 점을 내내 강조했다. 게다가 미국과 영국조차 추방당한 유대인을 수용하는 문제에 대해 난색을 표명함으로써 이들 국가조차 반유대주의의 영향을 받고 있는 것은 아닌가 하는 우려가 나올 정도였다.

나치의 유대인 박해에 대한 연합국의 대응이 미지근한 것을 알아차린 나치는 다시 더욱 도발적인 조치를 취했다. 1938년

11월 초에 파리에 거주하던 한 독일 외교관이 유대인이 쏜 총에 맞아 사망하자, 나치는 이것을 눈엣가시였던 유대인을 탄압할 구실로 삼았다. 11월 9일 독일 전역에서 유대인들의 교회당과 상점이 나치의 행동 대원들에 의해 부서지고 불타는 참혹한 사건이 벌어졌다. 유대인 100여 명이 사망하고 3만여 명이 강제 수용소에 갇히는 만행이 저질러진 것이다. 독일인들은 당시 이 사건으로 수많은 유리창이 부서지자 이를 미화해 '수정의 밤(Kristallnacht)'이라고 불렀지만, 이제 역사가들은 이것을 '포그롬(Pogrom)', 즉 대(大)박해라고 부른다. 나치의 집권 이후 반유대주의 정책은 잦아들기는커녕 오히려 증폭되고, 극단적이 되었으며, 이후 멈추거나 돌이킬 수 없는 자체의 동력을 갖추게 되었다. 그리고 1939년 9월 제2차 세계 대전의 발발은 반유대주의 정책이 최종 국면에 들어섰음을 의미했다.

5

유대인은 게토와
강제 수용소에서
어떻게 살았을까?

- 게토에서 유대인은 어떻게 지냈을까?
- 강제 수용소에서 유대인은 어떻게 생활했을까?

게토에서 유대인은 어떻게 지냈을까?

독일은 1938년 오스트리아를 병합하고 이어 다음 해에는 체코를 점령함으로써 동부 진출 의욕을 노골적으로 드러냈다. 히틀러가 주변 국가를 잇달아 수중에 넣자 미국과 영국, 프랑스 등 연합국들은 우려를 나타냈다. 게다가 나치는 이미 민족의 자존심을 고취시키고자 국제 관계에서 돌출 행동을 일삼았다. 국제 연맹에서 탈퇴하고, 베르사유 조약을 어기고 재무장을 추진했으며, 중립 지대였던 라인란트(Rhineland) 지역을 점령했다. 이러한 일련의 행동들로 세계 전쟁을 치른 지 약 20년 만에 또다시 유럽은 전쟁의 망령에 사로잡혔다. 연합국들은 독일의 침략을 경계했지만 혹시 제1차 세계 대전 때처럼 돌발 상황으로 인해 세계 전쟁이 벌어질까 두려워 히틀러의 침략 정책에 강력하게 대응하지 못한 채, 조바심 속에서 지켜 보고만 있었다.

연합국의 이러한 '유화 정책'은 오히려 히틀러의 야심을 자극했다. 히틀러는 연합국의 경고에도 불구하고, 결국 1939년 9월 1일 폴란드를 침공했다. 이제 더 이상 수수방관할 수 없었던 연합국은 독일에 선전 포고를 했고, 드디어 제2차 세계 대전이 발발했다. 전쟁 개시 후 독일은 파죽지세로 폴란드를 점령하고, 이어 방향을 서쪽으로 돌려 여러 주변국을 순식간에 손에 넣었다. 이 과정에서 나치는 그곳에 살고 있던 유대인들과 마주하게 되었고, 이제 이들을 '처리'할 방법을 찾았다. 제2차 세계 대전 중에 나치 독일은 영국을 제외한 거의 전 유럽 지역, 구소련 지역의 일부, 그리고 아프리카 북부까지 장악했기 때문에, 이 지역에 살고 있던 수많은 유대인들도 독일에 살던 유대인과 같은 운명에 처하게 되었다.

전쟁 초기, 독일이 승승장구해 이들 수중에 떨어진 유대인들의 수도 기하급수적으로 늘어났다. 일단 나치는 이러한 유대인들을 일정한 장소에 거주시킬 계획을 세웠다. 예전부터 유대인들은 유럽 거의 대부분의 도시에서 기독교인들과 같이 살지 못하고 따로 거주하고 있었다. 이른바 게토(Ghetto)[8]가 바로 그것이었다. 게토는 이미 오래전부터 기독교 사회에서 일종의 외딴 섬처럼 존재했다. 나치는 1939년 말부터 폴란드 전역에 특별한 거주 공간으로 게토를 조성했고, 이어 다른 점령 지역에서도 마찬가지로 게토를 만들어 혈통상 유대인인 사람들은 모두 거기에 거주하도록 했다. 이들이 밖으로 내세운 명분은 전염병을 방지한다는 것이었다. 하지만 실제로는 유대인들이 비좁고 열악한 환경 속에서 비참한 생활을 영위하게 하여, 유대인이 다른 인간들과는 다른 '인간 이하의 종족'이라는 사실을 일깨우고, 이것을 또한 독일인에게 선전하여 유대인에 대한 경멸감을 고취하려는 것이었다.

실제로 이곳에서 유대인의 생활은 그야말로 인간 이하의 것이었다. 당시 가장 유명했던 것이 바로 바르샤바 게토이다. 이곳은 1940년 10월 철조망이 가설되어 다른 구역과 완전히 격리되었다. 입구는 독일인, 폴란드 인, 유대인으로 구성된 경찰이 지키고 있었고, 내부에서는 현금 소지 및 물품 판매가 금지되었다. 따라서 경제적으로 외부와 완전히 차단되었다. 이곳에 거주하는 유대인은 강제 노동에 차출되기도 했지만, 제대로 된 임금은 고사하고 급료만으로는 빵 조각 하나 사 먹

---

8) 16세기에 베네치아에 살던 유대인 거주지에서 나온 명칭으로, 비유대인들과 격리된 유대인 공동체를 뜻하는 의미였으나, 현재는 인종적으로나 정치적으로 소수자인 집단의 거주지를 가리킨다.

기도 빠듯했다. 따라서 이들의 식생활은 나치가 공급해 주는 것에 의존해야 했다. 하지만 나치가 배급한 식량은 절대적으로 부족했다. 양이 아닌 열량으로 따져 보더라도 유대인이 제공받는 일인당 하루 열량은 약 250칼로리에 불과했다. 이는 폴란드 인의 절반도 못 되고, 독일인 섭취 열량에 비하면 10분의 1에 해당하는 것이었다. 그러니 이들의 영양실조는 짐작하고도 남음이 있다. 사실 이런 식으로 굶겨 죽이는 것이 나치가 의도한 바였다. 이처럼 강제 수용소와 학살 수용소에 끌려가 강제 노동에 시달리거나 가스실로 끌려가 죽음을 당하기 이전에 게토에서 이미 수많은 사람들이 굶주림에 시달리다가 죽었다.

이곳에 거주하던 유대인의 수가 가장 많았을 때는 50만 명에 육박했다. 그런데도 게토의 면적은 약 2평방킬로미터에 불과할 정도로 아주 비좁았기 때문에, 이들의 생활 공간은 그야말로 아수라장이 될 수밖에 없었다. 보통은 한 방에서 6~7명이 거주하도록 되어 있었지만, 심할 경우에는 예전에는 다섯 가구가 쓰던 집에서 무려 700명이 거주하기도 했다. 그러니 식수 조달이나 위생 상태가 제대로일 리가 없었고, 전염병이 발생하면 그 피해는 이루 다 말할 수 없었다. 실제로 1941년과 1942년에 장티푸스가 발병하여 각각 4만 명, 2만 명이 넘게 희생당했다.

이러한 게토 지역의 내부를 관리하는 사람은 독일인이 아니었다. 식량 제공과 같은 업무는 독일인이 했지만, 게토의 생활을 책임지는 것은 유대인 자치 조직이었다. 이것은 독일인이 '인간 이하의 종족'이 거주하는 게토의 관리를 맡을 수 없다는 이데올로기 때문만 아니라, '중요한' 나치의 인력을 그곳에 낭비할 필요가 없다고 여겼기 때문이었다. 따라서 유대인 자치 조직이었던 '유대인 위원회'가 게토의 관리와 행정을 맡았고, 유대인들로 구성된 경찰 조직이 치안을 담당했다. 이들은 독일인들에게 협조한 나치의 앞잡이이자 유대인의 배신자로 낙인 찍히기도 했지만, 역설적이게도 유대인이 게토 내에서 삶을 영위할 수 있게 하는 중간 역할도 담당했다.

물론 이렇듯 가혹한 상황에서도 게토에 거주하던 유대인들은 자신들의 정체성을 지키기 위해서 노력했다. 문화 조직을 만들어서 유대교의 전통과 가치를 함양하고, 연주회, 세미나, 문화의 밤, 토론회를 정기적으로 개최했다. 어린이를 위해 교육과 오락이 융합된 프로그램도 선보였다. 이것은 한편으로 가혹한 현실을 공동으로 이겨 내기 위한 것이자, 다른 한편으로 유대인이 '인간 이하의 종족'이라는 나치의 선전에 맞대응하기 위한 전략이기도 했다. 유대인도 높은 문화 수준을 유지하고 있다는 사실을 강조할 필요가 있었던 것이다. 이후 나치의 탄압이 더욱 가혹해지자, 유대인의 저항은 소극적인 '문화적' 저항에서 무장봉기로 바뀌기도 했다.

리투아니아 출신으로 훗날 이스라엘 작가가 되었던 아바 코브너(Abba Kovner, 1918~1987)는 유대인의 저항 투쟁을 이렇게 요구했다.

"우리는 양처럼 순하게 학살 장소로 끌려가서는 안 된다. (……) 형제들이여, 학살자의 자비에 따라 사는 것보다 자유인으로서 죽음을 각오하고 싸우는 것이 낫다."

투쟁의 절정은 바로 1943년 1월 바르샤바 게토에서 일어난 봉기였다. 1942년 여름 바르샤바에서 생활하던 유대인 약 30만 명이 이미 강제 수용소로 끌려갔다. 유대인 말살 과정이 시작된 것이다. 당시 그곳에 남아 있던 사람은 약 6만 명이었는데, 이들의 운명도 앞선 사람과 다를 바 없어 보였다. 이들을 강제로 이송할 구체적인 계획 수립되던 1943년 초, 무작정 사지에 제 발로 들어갈 수 없었던 유대인들은 무장을 하고 독일군에 저항했다. 독일군은 처음에 이들을 진압하는 데 사흘이면 충분하다고 봤지만, 유대인들은 예상외로 벙커까지 만들면서 죽음을 불사한 채 한 달이 넘도록 저항하며 버텼다. 그러나 독일군의 우세한 화력 앞에 결국 진압당한 이 봉기에서 유대인 1만여 명이 목숨을 잃었고, 나머지 살아남은 사람들도 강제 수용소에 끌려가 대부분 죽음을 당했다.

강제 수용소에서 유대인은 어떻게 생활했을까?

게토에서 생활하던 유대인들은 홀로코스트가 본격화되기 시작한 무렵인 1942년부터 대거 강제 수용소로 강제 이송당했다. 이제 유럽 내 유대인들의 거주지는 게토라는 격리된 생활 공간에서 강제 수용소로 점차 옮겨지고 있었다. 독일에서 강제 수용소가 세워지기 시작한 것은 1933년 나치가 집권하던 때부터였다. 이때의 강제 수용소는 유대인을 수용했던 곳이 아니라 주로 나치에 반대하는 정치범들을 가두는 곳이었다. 나치즘에 반대한 사회주의자와 공산주의자들이 그 대상이었다. 이때 세워진 수용소로 가장 유명한 것이 바로 뮌헨 근처에 있는 다하우(Dachau) 수용소이다. 나치는 나중에 다른 강제 수용소를 건립할 때 이 곳을 모델로 삼았다.

나치의 철권통치가 강화되면서 그만큼 나치의 반대자들이나 나치가 혐오하는 사람들이 많아졌다. 나치는 이들을 모두 사회로부터 완전히 격리시키고자 했기 때문에 강제 수용소 시설도 더 많이 필요했다. 이후 건설된 수용소에는 정치범들만 수용한 것이 아니라 나치가 '사회의 암적 존재'라고 낙인 찍은 유대인과 다른 소수 집단들, 즉 '로마(Roma)'라고 불리는 집시, '여호와의 증인' 신도, 동성애자 들까지 수용했다. 앞서 말한 1938년 유대인 대박해 때에는 수많은 유대인들이 수용소로 대거 끌려가기도 했다. 전쟁이 시작된 후 나치는 유대인을 게토에 거주하게 하여 사회로부터 격리시켰다. 그러나 이에 만족하지 못하고 독일인이 점령한 지역에 대규모 강제 수용소를 만들어 독일에 살던 유대인을 그곳에 수감시킬 계획을 세웠다. 이렇게 되면 독일 지역은 유대인 게토나 수용소조차 사라진, 그야말로 '유대인으로부터 완전히 벗어난 지역'이 되는 것이었다. 이처럼 독일 점령 당시 여러 지역에 수용소가 세워졌는데, 그들 가운데 가장 유명한 것이 바로 폴란드 남부에 있는 아우슈비츠(Auschwitz)[9] 강제 수용소이다.

이들 강제 수용소에서 유대인들은 참혹한 생활을 강요당했다. 사실 비참한 생활은 이미 이송할 때부터 시작되었다. 이송 과정에서 유대인은 짐승이나 짐짝처럼 취급당했다. 이송 열차에는 너무나 많은 사람을 태워서 유대인들은 거의 꼼짝달싹할 수 없었다. 기차 안은 악취로 가득 찼고, 사람들은 숨이 막혀 실신할 정도였다. 그런데도 나치는 유대인이 도망칠까 봐 문을 열쇠로 채우고 기차가 목적지에 도착할 때까지 한 번도 열어 주지 않았다. 이 과정에서 사망자가 다수 발생하기도 했다.

천신만고 끝에 강제 수용소에 도착한 유대인은 일단 여러 집단으로 분산되었다. 유대인을 분류하는 데 중요한 것은 성별과 노동력의 유무였다. 성별에 따라 분류되었기 때문에 가족조차 같은 막사에 거주할 수 없었다. 또 노동력을 갖춘 사람을 선발하여 전쟁에 필요한 물자를 생산하는 데 이용하려고 했다. 분류가 끝난 유대인들은 머리를 깎고 수용소 제복을 입은 뒤 수형 번호를 부여받았다. 나치는 이들을 더 이상 인간으로서가 아니라 한낱 숫자로 생각했다. 이와 더불어 나치의 테러도 본격적으로 시작되었다. 강제 수용소 밖에서는 외

---

9) 폴란드 어로는 오슈비엥침(Oswiecim)이다. 홀로코스트의 대명사로 알려진 아우슈비츠 강제 수용소는 폴란드 남부 크라쿠프(Krakow)에서 차로 한 시간 걸리는 곳에 위치해 있다. 1941년 6월부터 1945년 1월까지 이곳에서 약 100만 명이 살해당했다. 거대한 수용 시설이 세 군데에 분산되어 있었는데, 이곳 수감자 수는 한때 15만 명에 달할 정도였다. 1940년 나치는 폴란드 인 정치범을 수용하기 위해 이곳에 강제 수용소를 만들었다. 하지만 곧 독일이 소련과 전쟁을 하여 수많은 소련 군 포로가 이곳에 감금되었다. 그리고 다시 1941년 말부터 이곳은 유대인을 주로 수감하는 수용소로 바뀌었다. 아우슈비츠가 악명을 떨치게 된 것은 유대인을 가스로 학살하는 가스실과 화장터가 세워져 수많은 유대인이 이곳에서 끔찍하게 살해당했기 때문이었다. 이곳에서는 또한 유대인에 대한 생체 실험도 이루어졌다.

부의 시선도 있기 때문에 유대인에 대한 폭력이 자제되는 측면도 있었지만, 내부에서는 그렇게 할 필요가 없었다. 벽을 보도록 세워 놓고 몇 시간 동안 그대로 둔 채 만약 조금이라도 움직이거나 옆 사람과 속삭이면 곧바로 구타나 채찍형이 가해졌다. 여름에는 일부러 뙤약볕 아래, 겨울에는 살을 에는 듯한 추위 속에 몇 시간씩 세워 놓고 약한 자들이 쓰러지거나 심지어 죽도록 유도했다. 이들이 느끼는 굴욕감과 고통은 다반사였고, 일상의 일부였다.

이들은 새벽에 아침 기상나팔 소리에 일어나서 저녁 잠자리에 들 때까지 언제라도 폭력의 대상이 되었다. 이들에게는 막사 정리에서 점호에 이르기까지 항상 수용소의 군율이 엄격하게 적용되었으며, 조금이라도 그것을 소홀히 하거나 어길 시에는 어김없이 처벌과 구타가 뒤따랐다. 수용소를 관리하던 나치 친위대 장교나 군인, 그리고 카포의 괴롭힘은 하루 종일 계속되었다. 게다가 낮에는 혹독한 강제 노역에 시달렸다. 이들이 주로 했던 노동은 채석장에서 돌을 캐거나 막사 짓기, 혹은 전쟁 군수 물자 생산이었다. 게다가 세면 및 위생 시설은 턱없이 부족해서 전염병이 발생할 위험이 높았다. 하지만 전염병이 발생한다고 해도 그것을 치료할 약도 없었을 뿐만 아니라, 나치는 이를 적극적으로 치료할 의지도 갖고 있지 않았다.

시기나 장소마다 약간씩 차이가 있긴 하지만, 유대인들에게 이러한 강제 노역은 결코 살기 위한 수단이 아니었다. 다시 말해서 이들이 죽고 사는 문제를 결정하는 데 노동 가능 여부는 점차 중요한 기준이 되지 못했다. 전쟁 와중에 노동

---

10) 나치의 지시를 받아 수용소 내에서 행정 사무 및 관리를 맡았던 유대인 수감자로서, 일반 수감자들보다 훨씬 나은 대우를 받았다. 하지만 동료 유대인들로부터 반역자라는 비난을 받았다.

력이 크게 부족했지만 나치들이 유대인의 노동력을 사용하는 것조차 꺼려 했기 때문이었다. 나치는 아우슈비츠 강제 수용소의 정문에 '노동이 자유롭게 하리라(Arbeit macht frei)'라고 써 붙여 놓았다. 유대인들은 노동의 가치를 배워야 한다는 뜻이었다. 나치가 보기에 유대인은 대금업을 통해 돈을 벌거나, 혹은 그렇지 않으면 구걸하기 때문에 노동의 가치를 잘 모르는, 말하자면 다른 사람에 기생하는 독버섯이나 다름없었다. 유대인에게 노동의 가치를 일깨우려는 의도에서 나치는 그러한 선전 문구를 써 놓았던 것이다. 하지만 강제 수용소에서 유대인에게 강제 노역을 시키며 실제로 기대했던 것은 이러한 '깨우침'이 아니라 가혹한 노동과 굶주림을 통한 죽음이었다. 요컨대 전쟁 상황에서 인력이 턱없이 부족했음에도 나치는 유대인의 노동력을 이용하기보다는 오히려 그들의 사망 자체를 더 반겼던 것이다.

강제 수용소에서 유대인에게 일상적인 것은 노동이나 삶이 아니라 죽음이었다. 죽음을 피하기 위해서는 저항하거나 수용소에서 탈출하는 것 외에는 다른 방도가 없었다. 하지만 저항과 탈출은 또한 막다른 죽음의 길이기도 했다. 간간히 극적으로 탈출한 사례가 있긴 하지만, 아주 예외적인 상황에 불과했다. 탈출한 사람들은 그곳 소식을 외부에 전해 주어 나치의 만행이 폭로되는 데 결정적인 역할을 하기도 했다. 이들의 탈출이 성공하기 위해서는 수용소 주변 폴란드 등 지역민들의 보호와 협조가 절대적이었다. 하지만 그러한 행운이 따르는 일은 거의 일어나지 않았다. 수용소에서 탈출을 위한 비밀 조직이 만들어진 사례도 있지만 성공한 경우는 별로 없었다.

저항은 더욱 쉽지 않았다. 실제로 강제 수용소에서 유대인 수용자들이 저항한 사례는 극히 드물다. 일각에서는 어차피 죽음을 앞두고 있는 유대인들이 왜 죽음을 무릅쓰고 저항하지 않았을까 하는 비판이 제기되기도 한다. 그렇지만 다른 많은 대량 학살에서도 드러나듯이 죽음을 목전에 두고서 저항하는 일은 거의 벌어지지 않는다. 이에 대해서는 아직 연구가 더 필요하다. 홀로코스트에서 보이는 것처럼 유대인은 거의 저항을 하지 않은 채 가스실에서 생을 마감했다. 유대인들이 자포자기했던 것인지 혹은 최후까지 삶에 대한 일말의 희망을 품었기 때문인지 알 수 없지만 말이다.

6

나치는 유대인을
어떻게 학살했을까?

- 언제 유대인 말살 결정이 내려졌을까?
- 가스실에서 유대인은 어떻게 살해되었을까?

언제 유대인 말살 결정이 내려졌을까?

나치는 유대인을 일단 게토에 거주하게 하거나 강제 수용소에 가둬 놓았지만, 결국 그에 만족하지 못했다. 원래 나치는 유대인들을 아예 다른 나라로 이주시킬 계획까지 갖고 있었다. 그 가운데 한 곳이 바로 아프리카의 섬인 마다가스카르와 소련의 시베리아였다. 마다가스카르로 이주시키려는 계획은 나치가 처음으로 세운 것은 아니었다. 예전부터 독일인들 사이에서 '유대인 문제'를 해결하는 하나의 방법으로 거론되던 것이었다. 하지만 당시 이 섬나라는 연합국인 프랑스의 식민지였기 때문에 그 계획은 사실상 실현하기 힘든 방안이었다. 유대인을 시베리아로 이주시키려는 계획은 나치가 갑자기 소련을 침공하면서 불거진 계획이었다.

나치가 유대인을 절멸시키기로 결정한 것은 대략 1941년 중반 무렵이다. 시기적으로 보면 이때는 나치가 소련을 침공한 1941년 6월 직후이다. 나치 지도부의 움직임을 자세히 관찰해 보면, 실제로 1941년 중반부터 유대인 문제의 '최종 해결(Endlösung der Judenfrage)'[11]을 위한 준비 작업에 들어갔던 정황들이 속속 드러난다. 유대인 문제를 '최종적으로 해결한다.'는 뜻은 물론 유대인을 아예 다 몰살시킨다는 뜻이다. 히틀러가 홀로코스트에 대한 명령, 곧 유대인을 말살하라고 명확하고 구체적으로 지시한 공식적인 문건은 발견되지 않고 있다. 그렇지만 역사가들은 나치가 1941년 중엽 무렵부터 히틀러의 명령에 따라 홀로코스트를 위한 준비 작업에 들어갔던 것으로 보고 있다. 히틀러 자신도 1941년 12월 12일, 그러니까 미국이 일본의 진주만 공격에 대응하여 전쟁 포고를 밝힌 다음 날, 세계 전쟁이 임박했으니 유대인 문제가 '반드

---

11) 흔히 줄여서 그냥 '최종 해결(Final Solution)'이라고 불리는 이 말은 1941년 7월부터 나치가 자신들의 목표를 지칭한 것이다. 그 내용은 물론 유럽에서 사는 유대인들을 절멸시킨다는 것이었기 때문에 외부로 이러한 목표가 알려지지 않도록, 곧 자신들의 목표를 감추기 위해 사용된 말이었다. 나치는 이 시기 전후에 이 용어 이외에도 '추방' 혹은 '이송', '이주' 등의 단어를 공식적으로 사용했다. 1945년 이후 독일어권에서 최종 해결이라는 단어는 바로 홀로코스트를 뜻하는 일반 명사처럼 사용되었다.

시 해결되어야 할' 것이라고 말했다. 이 문제를 처리하기 위해 이듬해 초인 1942년 1월 20일 베를린 근처에 있는 반제(Wannsee)에서 나치의 주요 지도자들이 모여 유럽에 있는 유대인을 모두 이송시키기로 결정했다. 이것은 유대인들의 말살이 나치 지도부에서 공식적으로 의결되었음을 뜻하고, 이 문제를 담당했던 아이히만(Adolf Eichmann, 1906~1962)은 전후 재판에서 이 회의 이전에 히틀러가 유대인의 멸종을 지시했다고 증언했다.

나치 정규군의 깨어진 신화, '깨끗한 국방군'

제2차 세계 대전 이후에도 서독에서는 나치의 정규군을 일컫는 국방군(Wehrmacht)에 대한 신화가 존재했다. 그것은 바로 '깨끗한 국방군'이라는 것이었는데, 이 말은 정규군은 유대인의 학살에 직접적으로 가담하지 않았다는 뜻이다. 제2차 세계 대전 때 유대인을 학살한 것은 정규군이 아니라, 나치 산하 조직인 특수 부대, 곧 SS 부대(Schutzstaffel)나 점령 지역 치안을 유지하기 위해서 새로 설치된 특수 부대(Einsatztruppe)였다는 것이다. 나치 정규군은 전후 뉘른베르크 재판에서 나치 범죄에 대한 책임을 져야 했지만, 당시 이들의 죄목은 유대인 학살 때문이라기보다는, 주로 침략 전쟁의 수행과 전쟁 범죄 때문이었다. 그러나 이러한 이미지는 1990년대 들어서면서 정규군도 홀로코스트에 직접 연관되어 있었다는 사례가 밝혀짐에 따라 깨지기 시작했다.

나치가 왜 갑자기 소련을 침공했는지에 대해서는 여전히 명확한 설명이 존재하지 않는다. 사실 나치는 제2차 세계 대전이 발발하기 전인 1939년 8월에 이미 소련과 상호 불가침 조약을 맺었다. 동유럽과 발트 삼국을 서로 나누어 갖기 위해 양국은 협정을 체결했는데, 1941년 6월, 나치는 갑자기 이를 파기하고 소련을 침공했다. 히틀러는 『나의 투쟁』에서 러시아 인도 인종적으로 열등하기 때문에 나치는 이들을 정복하여 독일인의 생활 공간을 넓혀야 한다고 말한다. 따라서 나치의 소련 침공이 전적으로 인종주의 정책에서 비롯되었다는 주장도 있다. 물론 이러한 주장이 모든 것을 설명해 줄 수는 없지만, 중요한 원인이 되었던 것만은 분명하다.

게다가 나치는 전쟁 초기에 점령한 유럽 전역에서 수많은 유대인을 수중에 넣었고, 이제 독일의 유대인 문제가 아니라 유럽의 유대인 문제를 해결해야 하는 상황에 봉착해 있었다. 또 시일이 지나도 영국을 장악하지 못하자, 나치는 불안감과 초조함을 드러내기 시작했다. 이미 게토에서 수많은 유대인들이 사망했고, 1941년 여름부터는 강제 수용소로 유대인을 이송하는 과정에서도 수많은 학살이 벌어졌다. 늙거나 병든 사람들, 혹은 어린이들이 이송 열차에서 질식사하기도 했고, 추위나 더위를 견디지 못해 죽기도 했다. 혹시 조금이라도 반항하거나 도망치려고 하면 그 자리에서 즉결 처형되기도 했다. 또한 유대인에게 줄 식량이 부족하거나, 이들을 이송하기 거추장스럽거나, 혹은 소련 공산당의 빨치산과 무슨 연관이 있는 경우에도 대량 학살을 서슴지 않았다. 특히 독일 군대는 자신들의 동료가 저격당하거나 암살당하면, 그에 대한 보복으로 유대인이나 주민들을 학살했다.

그 결과 나치는 아예 유대인을 절멸시키기로 작정했다. 물론 나치의 반유대주의적 이데올로기는 애초부터 이러한 참혹한 결과로 귀결될 요소를 갖고 있었다. 반유대주의적 성격이 제1차 세계 대전 이후 독일의 혼란스러운 정치적 상황과 맞물리면서 계속 극단적으로 흘러왔기 때문이다. 더욱이 나치의 이데올로기는 반유대주의에 심리적, 법률적 면죄부까지 제공했다. 반유대주의가 죄악시되는 것이 아니라 정당화되었던 것이다. 그럼에도 불구하고 나치가 인종 말살이라는 전대미문의 죄악까지 저지를 것이라고는 많은 사람들이 예상하지 못했다. 그렇다면 왜 그런 일이 벌어졌을까? 게다가 거기에는 나치뿐만 아니라 많은 평범한 독일인들도 적극적으로 가담하지 않았던가?

물론 이에 대해서는 논란의 여지가 많지만, 그때까지의 과정과 상황을 감안하면 몇 가지 논리적인 추론은 가능하다.

첫째, 유대인을 게토나 수용소에 가두어 놓은 방법이 나치가 볼 때, 그다지 '효과적이지 않았다.'는 것이다. 그것은 분명 유대인 문제의 '최종 해결책'이 되지 못했다. 게토나 수용소도 나치에게는 여전히 골칫덩이였다. 특히 전쟁이 벌어지면서 나치는 독일 국적의 유대인뿐만 아니라 전 유럽에 거주하는 유대인을 상대해야 했다. 전쟁 전에는 유대인을 독일에서 추방시키면 그만이었지만, 이제는 그것만으로 부족했다. 전 유럽에서 그곳에 거주하던 유대인 전체를 추방시켜야 했던 것이다. 그래서 마다가스카르와 시베리아가 새로운 대안 지역으로 떠올랐지만, 애초부터 그것도 쉽지 않은 계획이었다. 그러자 이들은 다른 극단적인 방법을 강구하기 시작했다.

둘째, 나치의 선전·선동으로 유대인에 대한 독일인의 혐오감이 극단적으로 표출된 것이다. 그 이전에도 그러한 혐오감은 존재했지만 윤리 의식 때문에 사람들은 그것을 차마 드러내지 못하고 있었다. 그런데 나치 정권이 들어서면서 혐오감을 표출하지 못하게 막고 있던 마지막 빗장마저 풀어 버렸다. 나치 치하에서는 유대인에 대한 혐오감이 마치 국가에 대한 충성심이나 애국심과 유사한 것으로 이해되었다. 유대인을 감추거나 유대인을 도와주는 것은 독일 국민으로서 자격을 갖추지 못한 것처럼 여겨졌다. 나치의 반유대주의 악법은 독일 국민들의 마지막 남은 양심마저 무장 해제시켰다. 게다가 전쟁 초기에 나치가 유럽 전역을 장악하면서, 독일 국민들은 나치의 정당성을 믿어 의심하지 않았다. 또한 반유대주의는 독일에만 퍼져 있었던 것도 아니었다. 독일이 점령한 국가의 사람들, 즉 폴란드 인이나 다른 서구 유럽 인들조차도 역시 유대인에게 혐오감을 갖고 있어서, 나치는 유대인에 대한 극단적인 조치가 문제가 될 가능성은 적을 것으로 생각했다.

셋째, 전쟁 중이라는 상황을 고려하지 않을 수 없다. 본디 전시에는 평화로운 시기보다 인명을 경시하는 법이다. 결국 전쟁의 어수선한 상황 속에서 유대인을 대하는 태도가 점점 더 악화되었다. 전쟁이라는 극단적인 상황에서 나치뿐만 아니라 많은 독일인들이 유대인을 소리 없이 처형해도 처벌받지 않을 것이라는 안이한 생각을 갖게 되었다. 더욱이 국가가 유대인을 공개적으로 혐오하고 있는 상황이 아닌가! 예컨대 나치는 식량이 부족한 전쟁 상황에서 유대인에게 배급되어야 할 식량으로 독일군 한 사람이라도 더 배불리 먹여야 하기 때문에, 유대인이 한 사람이라도 더 줄어들기를 원했다.

나치가 이들을 몰살시키기로 작정했다면 다음에 떠오르는 문제는 도대체 어떻게 이러한 일이 가능했을까 하는 것이다. 사실 한두 번의 우발적인 학살 사건도 심한 후유증을 남긴다.

이 사건이 외부로 흘러 나가면 외교상 문제뿐만이 아니라 독일인들의 반발을 살 수도 있었다. 연합군은 더욱더 분노할 것이고 중립국은 자신들에게 호의적이지 않을 가능성이 컸다. 연합국 국민들은 나치의 만행에 치를 떨며 총력을 기울여 나치를 무너뜨리려 할 것이고, 이는 적군의 사기를 높여 주는 일이 될 터였다. 게다가 나치 반대자들과 나치를 미온적으로 지지하는 층, 특히 전쟁에 염증을 느끼는 국민들에게 나치를 무너뜨릴 정치적 명분을 제공하는 일이었다. 결국 이러한 이유에서 나치는 이 계획을 은밀하고 조직적으로 실행해야 할 필요성을 느꼈다.

게다가 SS와 같은 나치 특무 부대 병사조차도 사람을 죽이는 만행을 저지른 후에는 심리적인 고통을 느꼈다. 독일 하급 부대는 특수 부대원들이 유대인들을 직접 대면하여 살해할 경우 그 후유증이 크다는 보고서를 자주 올렸다. 유럽 전역에 흩어져 있는 유대인 전체를 절멸시키기로 이미 방침을 세웠던 나치 지도부로서는 이 방식을 계속 사용할 경우 독일군의 사기가 크게 떨어질 것을 우려했다. 따라서 이들은 더 효과적이고 '기계적인' 다른 방식을 찾아 나섰다. 처음에는 피해자를 일렬로 세워서 총알 한 방으로 다수를 죽이거나 수류탄을 투척하여 많은 사람을 한꺼번에 살해하는 시험도 했다. 하지만 전자는 그다지 많은 사람들을 살해하지 못했고, 후자는 부상자를 양산하여 두 가지 모두 효과적인 방법이 아니라는 결론이 내려졌다. 그래서 찾아낸 다른 방법이 바로 가스를 통한 학살이었다.

가스실에서 유대인은 어떻게 살해되었을까?

흔히 가스실의 학살은 '산업적 학살'이라 부른다. 나치가 유대인을 학살한 방법은 마치 공장에서 제품이 대량으로 생산되는 것과 똑같았다는 의미다. 초기의 유대인 살해는 우발적이고, 개별적이었다. 이것이 시간이 지남에 따라 점점 계획적, 조직적으로 변했다. 그리고 결정적으로 공장화되었다. 그래서 우리는 산업 혁명이 제품 생산에 가져온 변화와 비슷한 양상을 홀로코스트에서 찾아낼 수 있다. 산업적 학살은 일단 비용이 적게 드는 효율성을 갖추어야 하고, 대량으로 이루어져야 한다. 나치는 유대인 학살을 일종의 컨베이어 시스템처럼 처리했다. 그 방법이 바로 가스를 통한 학살이었다. 가스를 사용하면 아주 간단하게, 다시 말해서 비용을 크게 들이지 않고 수많은 사람을 살해할 수 있었다. 또한 대량 생산에서 생산자의 감정이 적게 들어가듯이, 산업적 학살에서도 살해자의 감정을 배제시킬 수 있었다.

나치가 처음부터 가스실 학살을 고안해 낸 것은 아니었다. 이보다 앞서 이들은 자동차 배기가스를 사용해서 유대인을 학살하는 실험을 시도했다. 여기에는 그동안 나치가 비밀리에 수행해 온 여러 생체 실험이 도움이 되었다. 하지만 이보다는 가스 살포라는 더 효과적인 방법이 대두하여 결국 그 방법이 선택되었다. 그러자 나치는 강제 수용소에 가스를 주입시킬 가스실, 유대인이 죽은 후 이들의 시체를 소각할 화장터 시설 등을 기획하여 '살인 공장'을 건립했다. 아예 새로운 강제 수용소를 지으면서 가스실과 소각장을 만들어 낸 곳도 있었고, 아니면 아우슈비츠처럼 기존의 강제 수용소에 이러한 학살 시설을 덧붙여 짓기도 했다. 이처럼 가스실과 소각장이 달린 수용소는 학살을 위한 수용소로서, 강제 수용소와 다른 목적을 갖게 되었다. 곧 목표는 수용이 아니라 학살이 되었다. 강제 수용소 중 가장 잘 알려진 폴란드의 아우슈비츠 수용소는 하루에 최대 9000명을 살해할 수 있었다. 아우슈비츠가 '살인 공장'으로 불렸던 것도 무리는 아니었다.

학살 과정은 공장의 '일관 공정'처럼 진행되었다. 학살 수용소에 유대인을 실은 열차가 도착하면, 이들은 곧바로 채찍과 구타를 통해 공포 상태를 강요받았다. 그 뒤 재빨리 남녀를 분리해 '샤워장'으로 갈 것이라는 말로 속여서 안심시킨다. 옷을 벗고, 소지품을 모두 꺼내 놓는다. 여자들의 경우는 모두 머리를 깎도록 했다. 기차에서 내려 '샤워장'까지 들어가는 데 걸린 시간은 30분도 채 안 되었고, '샤워장'에 모두 들어가면 감시원들이 문을 잠갔다. 하지만 샤워장에서 흘러나오는 것은 물이 아닌 독가스였다. 20~30분이 지나 모두가 질식사하면, 피와 오물로 가득 찬 시체가 그 안에 즐비하게 된다. 이제 남은 것은 시체 처리였다. 시체들을 처리하고 화장하는 일도 역시 유대인 수감자의 몫이었다. 이들은 같은 동포의 시체를 끌어내 화장시키거나 땅에 묻었다. 시체 처리반원으로 일하다 가족이나 같은 고향 사람의 시체를 맞닥뜨린 경우도 있었다.

　나치는 유대인을 죽이면서 이들의 시체에서 쓸 만한 것은 모두 빼내 사용하고자 했다. 그 가운데 유명한 이야기가 바로 이들 시체에서 금니를 빼내 중립국이었던 스위스로 보내 국가 재정을 충당했다는 것이다. 심지어 시체에서 나온 머리카락이나 피부를 이용해 다른 물건을 만들었다는 이야기도 떠돌았다. 이렇게 해서 강제 수용소에서 가스로 사망한 유대인의 수는 거의 300만에 달했다.

아우슈비츠 수용소장 루돌프 회스[12]의 진술

아마 1941년 12월, 혹은 1942년 1월이 처음이었을지도 모른다. (······) 기차 화물 전용 플랫폼에서 유대인들은 경찰에게 넘겨졌으며, 수감 지역 지휘관에 의해 두 개조로 나뉘어 수용소로 보내졌다. (······) 유대인들은 수용소에서 옷을 벗어야 했으며, 그들에게는 위생을 위한 구제(驅除)를 위해 그 방으로 들어가야 한다고 말했다. 모든 방(방은 모두 다섯 개였다.)이 동시에 다 채워지고, 가스가 새지 않게 문들을 나사로 죄고, 특별히 설치된 입구를 통해 가스를 투입했다.

30분이 지난 후 문들이 다시 열리고(모든 방에는 문이 두 개 있었다.) 시체들이 밖으로 꺼내졌으며, 철도 레일 위에 있는 작은 수레로 구덩이를 향해 운반되었다. 옷 조각들은 화물 운반용 차로 분류 장소로 보내졌다. 옷을 벗기는 일을 돕고, 창고를 채우고 비우고, 시체를 제거하고, 집단 묘지를 파고 메우는 모든 일은 유대인 간수들에 의해 수행되었다. 이들 유대인들은 분리된 채로 숙소에서 묵었고, 이들은 아이히만의 명령에 따라 나중에 다른 사람들과 마찬가지로 말살되어야 했다. (······) 시체의 금니를 빼고 여자들에게서 머리카락을 잘라 내었다.

(······) 1942년 여름에도 집단 묘지에 시체들이 쌓였다. 여름이 끝날

---

12) 루돌프 회스(Rudolf Höß, 1900~1947)는 1940~1943년까지 아우슈비츠의 소장이었고, 그 이후에 다른 부서로 전출되었다가 다시 아우슈비츠로 복귀해 근무했다. 1944년 그는 '회스 공작(工作)'이라는 헝가리 유대인들의 대량 학살을 주도하였다. 전쟁 후 숨어 지냈으며, 이름도 '랑(Lang)'으로 바꾸었다. 1946년 3월 11일 그는 플렌스부르크 근처에서 체포되었으며 폴란드로 인도되었다. 크라쿠프에 수감되었을 때, 그는 아우슈비츠에 관해 대단히 많은 것을 진술했다. 1947년 4월 2일 폴란드의 국가 대법원에서 사형을 선고받았으며, 1947년 4월 16일 아우슈비츠에서 교수형에 처해졌다.

무렵, 우리는 시체들을 소각하기 시작했다. 우선 장작 더미 위에 시체 약 2000구를 놓고, (……) 기름과 메탄올을 부었다. 총 시체 10만 7000여 구가 태워졌다.

(……) 쿨름호프(Kulmhof) 수용소를 방문했을 때 나는 화물차 엔진에서 나오는 가스로 살해하는 시설을 보았지만, 그곳에서 근무하는 지휘관은 그 방식을 매우 불확실한 것이라고 했다. 왜냐하면 가스가 불규칙적으로 나오고, 그 양도 종종 죽이기에는 충분하지 못하기 때문이라는 것이었다. (……) 게다가 야외에서 처음으로 시체가 소각되었을 때 이미 소각을 계속할 수 없음을 알아차렸다. 날씨가 나쁘거나 바람이 강할 때 소각 냄새가 몇 킬로미터 밖까지 멀리 퍼졌기 때문이었다. (……) 그밖에도 야간 공습 때문에 이를 계속할 수 없었다. (……) 이러한 이유 때문에 모든 수단을 동원해서 다른 계획을 수립했고, 그것이 바로 두 개의 커다란 시체 소각장 건립이었다. (……) 이것들은 1942년과 1943년 겨울에 지어졌으며, 1943년 초에 가동되었다. 그 시체 소각장에는 화덕이 다섯 개가 있었고, 24시간 안에 대략 2000명을 태웠다. (……) 가스실은 사람 약 3000명을 수용할 수 있었다. 하지만 이 숫자들이 결코 다 채워지지는 못했다. (……) 24시간, 즉 하루 동안 가스 살해실과 소각장에서 살해된 인원의 최고치는 1944년 여름의 어느 날이었는데, 이때 '가스실 III'을 제외한 모든 수용소에서 약 9000명 이상이 살해되었다.

나치의 만행은 여기에서 그치지 않았다. 연합군이 진주하자 나치는 이들을 피해 우선 도망쳤다. 하지만 나치는 수용소에 감금되어 있던 수감자들을 그대로 풀어 주지는 않았다. 오히려 이들이 살아 있음으로 자신들의 만행이 폭로될까 두려워한 나치는 유대인을 몰살시켜야 한다는 생각을 더욱 확고히 했다. 결국 그들은 유대인을 끌고 다니면서 또다시 학살을 자행했다. 그렇지 않아도 오랜 시간 수감 생활을 통해 지칠 대로 지치고 병든 상태에서 굶주림과 추위, 그리고 장시간 행군까지 견디어 내기란 벅찬 일이었다. 결국 나치는 유대인들을 마지막까지도 죽음으로 몰고 갔던 것이다.

7

누구에게
이 책임을 물어야 할까?

- 나치는 전후에 어떠한 처벌을 받았을까?
- 유대인 학살자들은 모두 '악마'였을까?

나치는 전후에 어떠한 처벌을 받았을까?

그렇다면 누가 이 홀로코스트의 책임을 져야 하는가? 물론 히틀러를 비롯한 나치 당원이 책임을 져야 하는 것은 의문의 여지가 없다. 나치 당원이야말로 유대인 대량 학살에 일차적인 책임이 있다. 이들은 유대인을 죽이기로 결정했고, 또 독일인들과 다른 유럽 점령국 사람들을 선동하고 고용해서 그처럼 잔악한 행위에 참여하도록 만들었다. 그러므로 나치 일당에게 당연히 학살 죄를 적용하여 사법적 책임을 물어야 마땅했다.

그러나 이 과정은 쉽지 않았다. 왜냐하면 당시로서는 이들을 법정에 세울 법적인 근거가 약했기 때문이었다. 나치는 유대인들을 억압한 행위는 법률적 근거가 있는 조치라고 주장했고, 당시 외국인이었던 연합국이 독일의 내정 문제에 간여할 수 없다고 주장했다. 연합국 측도 이러한 법률상의 허점을 알고 있었다. 그렇다고 단죄를 포기할 수는 없는 노릇이었다. 명백히 수백만 명을 학살한 이들을 처벌하지 않고 넘어갈 수는 없었던 것이다. 연합국 지도자였던 영국의 처칠(Winston Leonard Spencer Churchill, 1874~1965) 수상이나 소련의 스탈린 서기장은 나치 지도자들을 즉결 처형하는 것이 바람직하다는 의견을 제시하기도 했다. 사실 이러한 방식은 기존의 전쟁에서 자주 사용하던 것이었다. 하지만 재판이라는 형식을 거치지 않으면 이후에도 이러한 범죄자들을 단죄하는 데 동일한 문제에 봉착할 것이었다.

그래서 미국 측에서 제시한 방안은 새로운 법률적 근거를 찾아서 나치 지도자들을 법정에 세우는 것이었다. 연합군이 찾아낸 법률적인 근거는 '전쟁 범죄'와 '반(反)인륜 죄'였다. 전쟁 범죄는 국제법상 기존에 존재하던 것이었다. 이것은 나치가 '침략 전쟁'을 감행한 것과 전쟁 때 민간인을 학살한 사안에 적용 가능했다. 이에 반해 '반인륜법'은 전후 새롭게 만들어진 법으로서, 한 국가가 자국 국민에게 가한 통치 행위라도 그것이 반인륜적인 범죄 행위에 속할 경우에는 이를 단죄할 수 있다는 것이었다.

이러한 법률적 근거로 미국을 비롯한 연합국은 전후 나치 지도자를 체포하여 법정에 세웠다. 이것이 바로 독일 남부 뉘른베르크에서 열린 국제 전범 재판이었다. 히틀러는 연합국이 진주하기 이전에 자살했기 때문에 제외되었다. 당시 나치의 제2인자로 불리던 괴링을 비롯한 나치 지도자 스물네 명이 이 법정에서 재판을 받았다. 이들 가운데 열두 명에게는 사형이 선고되었다. 괴링은 사형이 집행되기 전에 감옥에서 자살했고, 나머지는 사형당했다.

물론 재판정은 이들 나치 지도자들에게 침략 전쟁 등 제2차 세계 대전에 관련된 전반적인 책임을 물었다. 그렇다면 홀로코스트를 직접 수행한 일선 책임자들은 어떻게 되었을까? 아우슈비츠를 비롯한 독일 점령지 전역에서 자행된 많은 범죄들에 대해 책임 소재가 있다고 판단된 많은 사람들이 줄줄이 재판정에 섰다. 뮌헨 근교에 있던 다하우 강제 수용소에서 이들을 따로 재판하는 법정이 열리기도 했다. 전쟁 패배 후 미국과 영국 그리고 프랑스가 점령했던 서독 지역에서만도 대략 6000여 명이 재판을 받았고, 약 700여 명이 교수형에 처해졌다. 그리고 정확한 통계는 없지만 소련이 점령한 동독 지역에서는 더 많은 사람이 단죄되었을 것으로 추정되고 있다. 하지만 이때 모든 홀로코스트 범죄자들이 재판을 받았던 것은 아니다. 더 많은 사람들이 이름을 바꾸어 정체를 숨긴 채 잠적하거나 해외로 도피하여 숨어 지냈다.

유대인 학살자들은 모두 '악마'였을까?

뉘른베르크 재판을 진행하면서 많은 사람들은 재판정에 나온 사람들이 악마와 같은 성격을 갖고 있다고 믿어 의심치 않았다. 재판을 진행한 연합국 측에서도 이들 사악한 무리를 단죄하려는 경향이 있었고, 독일인들도 이들이 자신들 가운데 특별히 나쁜 사람들이라고 믿고 싶어 했다. 그러나 이러한 생각은 1961년 아이히만에 대한 공개 재판으로 크게 바뀌었다. 아이히만 재판이 세계적으로 주목받은 것은 아르헨티나까지 도망간 나치 범죄자들의 도피 행각, 이스라엘 비밀 정보기관인 모사드의 끈질긴 추적과 체포, 비밀 압송, 그리고 아이히만이 홀로코스트의 실무 책임자였다는 사실 때문이었다.

그렇지만 방탄유리 안에서 홀로코스트에 대해 담담하게 증언하던 아이히만이 사람들에게 더욱 충격을 주었던 사실은 그가 사악한 범죄자라기보다는 아주 평범한 사람처럼 보였다는 점이었다. 사실 뉘른베르크 재판정에 나타난 나치 범죄자

아이히만 재판

아이히만은 독일 SS 출신으로 유대인 대량 학살의 실무 책임자였다. 1945년 연합군이 진주할 때 체포되었지만 이름과 소속을 속였고, 연합군도 그에 대한 자료를 갖고 있지 않아서 재판에 회부되지 않았다. 그 후 그는 연합군 수용소에서 탈출했다가 아르헨티나로 도망갔다. 하지만 홀로코스트 범죄자를 추적하는 이스라엘 정보기관 모사드에 1960년 체포되어 이스라엘로 비밀리에 송환되었고, 그곳에서 기소되었다. 이 때문에 이스라엘과 아르헨티나 사이에 외교 문제가 발생하기도 했다. 1961년에서 1962년까지 예루살렘에서 열린 공개 재판은 전 세계적인 이목을 끌었고, 홀로코스트에 대한 관심을 일깨웠다. 특히 이 재판을 본 독일 출신의 유대인 철학자 한나 아렌트(Hanna Arendt, 1906~1975)는『예루살렘의 아이히만-악의 평범성에 대한 보고서』라는 저서를 통해 유대인 학살에 어떻게 평범한 사람이 간여하게 되는가 하는 문제를 파헤쳤다.

들은 '악마'와 같은 취급을 당했다. '악마'가 아닌 평범한 사람이 그러한 엄청난 일을 저지를 수는 없다고 생각했던 것이다. 그러나 유대인 600만 명 학살의 공범자인 아이히만과 같은 실무자들은 악마라기보다는 평범한 독일인으로 보였다. 아이히만은 히틀러의『나의 투쟁』조차 제대로 읽지 않았던, 정치에서 별로 관심이 없었던 인물이었다. 이처럼 소시민에 불과했던 그가 출세를 위해서 물불 가리지 않고 행했던 일이 바로 수백만 명이나 되는 유대인을 학살하는 일이었다.

이처럼 홀로코스트는 나치의 지도자 몇몇이 주도해서 가능한 일이 아니었다. 오히려 그것은 수많은 협력자와 방관자가 있었기 때문에 가능했다. 어떤 학자는 독일인 가운데에서 최고 100만 명이 홀로코스트가 집행되는 데 직접 관여했다고 말한다.

더욱 충격적인 사실은 이에 관련된 사람들이 모두 지극히 평범한 이들이었다는 점이다. 집에서는 좋은 가장이자 착실한 남편이었고, 자상한 아버지였다. 그랬던 사람들이 왜 유대인들을 무자비하게 학살하는 희대의 범죄자가 되었을까?

먼저, 이들은 반유대주의에 감염되었다. 반유대주의가 대량 학살의 구실이 되었던 것이다. 나치의 이데올로기는 유대인들을 '인간 말종'으로 간주하여 이 세상에서 사라져야 할 병균으로 규정했고, 나치는 '평범한' 독일인들을 그렇게 가르쳤다. 독일인들이 이 말을 사실 그대로 믿지 않았다고 하더라도, 유대인에게 좋은 감정을 갖고 있지 않았던 사람들은 반유대주의를 구실 삼아 학살을 정당화할 수 있었다. 또한 위로부터 내려온 명령을 함부로 거역할 수 없었던 두려움에도 주목해야 할 것이다.

하지만 제아무리 반유대주의자라 하더라도, 수십 명을 총으로 쏘아 죽이거나 가스실에 집어넣고 대량으로 학살하는 끔찍한 일을 어떻게, 그것도 계속해서 할 수 있었을까? 사실 정상적인 인간이라면 이러한 일에 직접 대면하게 되었을 때 자연스럽게 거부 반응이 나올 것이다. 하지만 유대인 학살을 거부하거나 그 일에서 혼자 빠진다는 것은 그 당시 상황에서는 힘든 일이었을지도 모른다. 그것은 자기 혼자만 '외톨이'로 남는다는 의미였기 때문이다.

결국 유대인 학살은 여러 사람들이 공모한 결과이고, 여기에서 혼자만 빠지면 집단행동에서 이탈하는 것처럼 보였다. 따라서 '비겁자'나 '겁쟁이'라는 소리를 들을 것이 염려되어서 마지못해 참여한 사람도 많았다. 처음에는 어쩔 수 없던 것이 점차 익숙해지는 것은 시간문제였다. 게다가 나치는 이들에게 유대인을 학살하는 데 심리적, 법적 정당성을 부여하지 않았던가?

이렇게 홀로코스트는 직접적인 학살 집행자 이외에도 수많은 간접적인 협력자들이 있었기 때문에 가능했다. 무엇보다 나치와 홀로코스트를 방관하고 허용한 대다수 독일인들이 그 간접적인 협력자들이었다는 사실도 부정할 수 없는 사실이다.

물론 나치에 대항하여 목숨을 걸고 싸운 사람들도 여럿 있었다. '백장미단(Die Weisse Rose)'[13]이라고 불린 나치 저항자들이 대표적으로 잘 알려져 있다. 하지만 대다수 사람들은 숨을 죽이고 게슈타포의 위협에 눌려, 오히려 나치에 저항하는 사람들이나 유대인들을 밀고했다. 심지어 가족이나 친척까지도 서슴지 않고 경찰에 알렸다. 게다가 나치는 홀로코스트를 철저하게 비밀에 부쳤다. 전쟁 후 대다수 일반 독일인들은 나치의 그러한 악랄한 행위를 알지 못했다고 항변했다. 이들의 말을 모두 믿을 수는 없지만, 대다수 사람들은 나치 정부의 말만 믿고서 정책에 동조하고 협력했던 것이다. 교회나 가톨릭도 그 예외가 아니다. 특히 당시 교황이었던 피우스 12세(Pius XII, 재위 1939~1958)는 나치와 홀로코스트에 대해 미온적인 태도를 취해, 지금까지도 논란이 되고 있다.

이들 독일인 이외에도 많은 주변국, 심지어 연합군 사람들까지도 홀로코스트에 대해 미온적인 태도를 취했다. 폴란드인은 나치에 침공을 당했고, 많은 사람이 그 피해자가 되었는데도 불구하고, 나치가 유대인을 학살하는 것에 대해 침묵을

---

13) 1940년 초 뮌헨의 대학생들을 중심으로 결성된 반(反)나치 저항 집단으로 그 대표적인 인물인 한스 숄(Hans Scholl)과 그 동생인 소피 숄(Sophie Scholl)의 이야기는 영화나 책으로도 잘 알려져 있다. 1943년 2월, 숄 남매는 대학에 반나치 유인물을 뿌리다 현장에서 체포되어 사형 선고를 받고 처형당했다. 이들이 보여준 반나치 운동의 정당성과 굳건한 태도는 이후 많은 이들의 귀감이 되었다.

지켰다. 내심 그것을 반기기까지 했던 사람도 다수였다. 폴란드 인들 가운데는 유대인이 사라진 후 이들이 남길 재산을 차지할 욕심을 갖고 있었던 사람도 많았다. 또 유럽 각국의 많은 이들도 반유대주의 때문에 나치를 피해 도피 중이던 유대인을 밀고했으며, 이들이 아우슈비츠로 강제 이송되는 데 도움을 주었다. 연합국도 나치의 홀로코스트를 방관한 측면이 있다는 점을 전적으로 부인하지 못했다. 왜냐하면 홀로코스트 사실을 알고도 곧바로 유대인을 구출할 적극적인 노력을 기울이지 않았기 때문이었다. 연합국은 홀로코스트 소식을 처음 들었을 때, 그것이 사실이 아니라고 섣불리 단정하기도 했다. 하지만 이후 사실임을 알았을 때에도, 자국의 반유대주의 정서를 감안하여 유대인들을 구출하거나 수용할 적극적인 조치를 즉각 취하지 않았다.

8

홀로코스트를
어떻게 기억해야 할까?

- 유대인은 홀로코스트를 어떻게 기억하고 있을까?
- 가해자인 독일인은 어떻게 홀로코스트와 대면했을까?

유대인은 홀로코스트를 어떻게 기억하고 있을까?

비참했던 홀로코스트는 종결되었지만, 그것을 치유하는 과정도 홀로코스트 못지않게 힘들었다. 1945년 전쟁이 연합국의 승리로 끝나면서 이제 유대인들은 살았다는 기쁨에 들떴지만, 그것도 잠시였다. 우선 자국으로 돌아가야 할 이들은 쇠약할 대로 쇠약해져 목숨을 잃기 일쑤였다. 또한 전쟁 직후라 모든 교통 시설이 파괴되었고, 식량난까지 겹쳐 귀환 길은 너무나 험난했다. 특히 그리스나 이탈리아 지역처럼 멀리까지 왔던 유대인이 고향으로 돌아가는 데에는 아주 오랜 시간이 걸렸다. 하지만 이들이 가까스로 고향에 돌아간다고 해도, 이미 전쟁의 폐허 속에서 거주할 만한 곳도 마땅치 않았다.

가족들은 대부분 뿔뿔이 흩어졌고, 사망한 사람도 많았다. 유대인이 아닌 이웃 사람들도 이들이 생존하여 귀환하는 것을 그리 반기지 않았다. 생존하여 돌아온 유대인들과 그동안 이들의 집이나 재산을 가로챈 이웃 사이에 갈등도 빈번하게 일어났고, 심지어 살인 사건이 벌어지기도 했다.

홀로코스트 생존자들은 정치·경제적으로 어려운 상황보다도 심리적으로 입은 상흔을 이겨 내는 데 더한 고통을 받았다. 강제 수용소에서 겪은 죽음의 공포와 비인간적인 대우에 따른 모멸감과 수치심, 그리고 잃어버린 가족에 대한 그리움과 상실감으로 인해 이들은 홀로코스트의 망령으로부터 쉽게 벗어날 수 없었다. 이들은 홀로코스트에 대한 이야기를 더 이상 입 밖에 내고 싶어 하지도 않았다. 기억하는 것 자체가 고통이었던 시기였다. 이렇게 홀로코스트는 전쟁이 끝난 직후에는 기억되지 않은 채 망각되어 갔다.

홀로코스트 생존자 가운데 많은 사람들이 유럽이 아닌 다른 곳으로 이주했다. 이들은 위와 같은 갈등을 겪지 않아도 되었지만 낯선 곳에서의 삶도 그리 순탄치는 않았다. 미국 등지에 정착한 유대인들은 처음에 자신들이 홀로코스트의 피해자라는 것을 내세울 수도 없었다. 전쟁 후라는 어려운 상황아래, 그것도 낯선 땅에서 새로운 사회에 적응해야 했던 이들은 전쟁의 비극이나 자신들의 피해 사실을 알리는 일보다는 먹고사는 문제가 더 시급했다.

물론 팔레스타인으로 가서 이스라엘을 세운 유대인들의 경우에는 사정이 좀 달랐지만, 이들도 어렵기는 매한가지였다. 1945년부터 1949년 말까지 홀로코스트 생존자 가운데 약 35만 명이 유럽에서 팔레스타인 지역으로 이주했는데, 이들 생존자들은 그곳에서도 환영받지는 못했다. 당시 이스라엘의 유대인들은 강력한 국가를 새롭게 수립하는 것이 급선무였기 때문에, 홀로코스트와 같은 참담한 경험보다는 시온주의자의 강력한 민족의식을 필요로 했다. 당시에는 강력한 투쟁 정신을 발휘했던 유대인의 영웅적인 정체성이 필요했지, 약한 희생자였던 생존자들과 홀로코스트의 기억은 설 자리가 없었던 것이다. 홀로코스트 생존자들은 자신들이 겪었던 마음의 상흔을 치유하지 못한 채 지내고 있었다. 심지어 이들은 강력한 유대인으로 거듭나야 하는 재교육 대상으로 여겨지기도 했다.

1950년대 들어서면서 유대인들도 자신들의 끔찍한 기억을 서서히 되찾고 미래를 위해 이를 전수해야 한다고 각성하기 시작했다. 여기에는 우선 유대인들이 서독과 배상 협상을 하게 된 것이 하나의 역할을 했다. 당시 이스라엘에서는 당연하게도 독일에 대한 반감이 아주 컸다. 하지만 감정적인 대립은 미래의 자산이 되지 못한다는 사실을 깨닫고 서독의 경제적 원조를 바탕으로 자국의 경제 기반을 다지려고 하는 실용주의적 정치가들이 등장했다. 이들이 제시한 해법은 바로 "홀로코스트를 용서하자, 하지만 그것을 결코 잊지는 말자."였다.

뒤이어 앞서 말한 아이히만 재판이 이스라엘에서 홀로코스트에 대한 기억을 완전히 변화시키는 계기가 되었다. 전국에 생중계된 아이히만 재판으로 인해 홀로코스트 생존자들은 자신의 옛 기억을 되살리고 이를 자식들에게 전하게 되었고, 나머지 국민들도 그 재판을 통해 홀로코스트 생존자들의 경험을 다시 바라보게 되었다. 이 과정을 통해 이스라엘은 홀로코스트의 기억을 보존하고 전수하는 다양한 정책을 수립하게 되었다.

게다가 1960년대에는 새롭게 건설한 조국 이스라엘이 주변 아랍 국가들에게 위협당하고 있다고 생각한 유대인들은 다시 또 다른 홀로코스트를 겪는 것이 아닌가 하는 우려와 절박함을 드러내고 있었다. 주로 미국에 거주하던 유대인들은 이스라엘을 지원하고 그 정당성을 확보하기 위해서 홀로코스트가 잊혀서는 안 된다고 생각했다. 그래서 이들은 홀로코스트에 대한 역사적 연구과 그것을 기억하려는 노력을 경주하기 시작했다. 비참했던 과거인 홀로코스트에 대한 경험을 공유함으로써 유대인들은 다시 단결력을 얻게 되었다. 이후 이스라엘뿐만 아니라 전 세계에서 홀로코스트를 연구하고 기억하려는 다양한 시도가 이어졌고, 이제는 유럽과 미국 등 많은 도시에서 홀로코스트 박물관을 어렵지 않게 발견할 수 있을 정도가 되었다.

가해자인 독일인은 어떻게 홀로코스트와 대면했을까?

그렇다면 역사상 그 유례를 찾아볼 수 없는 참극을 일으킨 장본인인 독일인들은 이를 어떻게 받아들였을까? 소위 가해자였던 이들은 홀로코스트에 대해 아는 바가 없다면서 그 책임을 부인했다. 또한 독일인 스스로가 아니라 전후 연합국이 나치를 청산하는 작업을 주도했고, 독일인들은 과거를 기억하기보다는 외면하고 망각하기를 원했다. 뉘른베르크 재판으로 직접적인 가해자들이 처벌되고, 나치에 적극적으로 협력한 사람들은 정치적 숙청을 통해 사회적 지위를 박탈당하는 등 전후 초기에는 그런대로 나치의 망령에서 벗어나고자 하는 듯 보였다. 하지만 이러한 작업은 오래가지 못했다. 연합국은 미국과 소련이 이데올로기상 대립하게 되면서 나치 청산에 대한 의지가 약화되었다. 또한 독일인들도 과거를 잊고 미래를 보자며 연합국을 설득하고자 했다.

연합국이 독일에게 권력을 이양하자 독일인들은 나치에 대한 기억을 지우기 시작했다. 전후에 독일인 다수는 여전히 나치 집권 당시를 좋은 시절로 기억했으며, 나치의 목적은 좋았지만 수단이 잘못되었다는 식으로 변호하려 들었다. 또한 서독 정부 초기에는 나치 범죄자들에 대한 사면과 복권이 대대적으로 이루어졌다. 심지어 나치 당원 출신의 고위 관리들이 행정부에 속속 복귀했다. 그렇지만 서독 초기 아데나워(Konrad Adenauer, 1876~1967) 정부는 전후 배상 문제를 등한시하지는 않았다. 서독은 이스라엘 정부에 배상하기 시작했고, 이후 홀로코스트 희생자를 비롯한 나치 희생자 전반에 대한 배상 문제에 적극적으로 임했다.

하지만 독일에서 진정으로 나치를 청산하고, 홀로코스트에 대해 기억하기 시작한 것은 1960년대라고 할 수 있다. 우선 과거 청산에 새로운 동력이 생겼다. 나치에 협력했던 앞선 세대가 물러가고 나치를 경험하지 않은 젊은 세대가 등장했는데, 이들은 전후 민주주의 교육과 시민 의식 속에서 성장한 세대였다. 이들은 아버지 세대의 부당한 행위를 그냥 넘어가지 않았다. 따라서 미진했던 뉘른베르크 전범 재판을 보완하여 나치 범죄자를 찾아내 처벌하기 시작했다. 또한 홀로코스트를 부인하면 처벌받는다는 조항이 법에 명시되었으며, 홀로코스트 가해자들에 대해서는 공소 시효를 없앴다. 이러한 진전은 기본적으로 시민 사회의 성숙에서 비롯된 것이었다. 서독 수상이었던 브란트(Willy Brandt, 1913~1992)는 바르샤바의 유대인 희생자 기념비 앞에서 무릎을 꿇어 사죄의 본보기를 보여 주었고, 이어 바이체커(Richard von Weizsäcker) 대통령이 1985년 종전 40주년 기념식에서 과거에 대한 성찰을 주문하는 유명한 연설을 했다.

바이체커 대통령의 연설문

(……) 양심을 꺼리고 책임을 외면하며 회피하고 침묵하는 방식에는 여러 가지가 있습니다. 전쟁이 종결되어 홀로코스트라는 이루 형언할 수 없는 진실이 모두 밝혀졌을 때, 우리 가운데 아주 많은 사람들은 우리는 그에 대해 아무것도 알지 못했다고 혹은 단지 짐작만 했었다고 주장했습니다.

(……) 오늘날 우리 국민의 대다수는 그 당시 어린애였거나 혹은 태어나지도 않았습니다. 이들은 자신이 자행하지 않은 범죄에 대한 자신의 죄를 고백할 수 없습니다. 양식이 있는 사람이라면 이들이 단지 독일인

이라는 이유만으로 그에 대한 죄를 뒤집어씌우지는 않을 것입니다. 그렇지만 그 선조들은 이들에게 심각한 유산을 남겨 놓았습니다. 우리 모두는 죄가 있건 없건 간에, 또한 젊으나 늙으나, 이 과거를 받아들여야 합니다. 우리 모두는 그 과거의 결과를 넘겨받았고, 그에 대한 책임을 갖고 있습니다. 청년층과 노년층은 이에 대한 기억을 생생하게 붙잡고 있는 것이 왜 그렇게 중요한지를 깨닫는 데 서로 도움을 주어야 하고, 또 줄 수 있습니다.

이것은 과거를 극복하려는 것이 아닙니다. 그 일은 사람들이 할 수 없습니다. 과거는 나중에 바뀌는 것도 아니오, 또 아예 없었던 일이 될 수도 없습니다. 그렇지만 과거에 대해 눈을 감는 사람은 현재를 볼 수 없는 사람입니다. 비인간적인 일을 기억하고 싶지 않은 사람은 다시금 그러한 위험에 감염될 소지가 많은 사람입니다.

유대인들은 기억하고 있고, 계속 기억할 것입니다. 우리는 인간으로서 화해를 청해야 합니다. 바로 그렇기 때문에 우리는 기억 없는 화해란 있을 수 없다는 점을 알아야 합니다. 인간이 수백만 명씩 죽어 간 그 경험이 이 세상 모든 유대인들에게는 내면의 일부가 되어 있습니다. 그것은 그러한 처참함을 인간이 도저히 잊을 수 없기 때문만이 아니라, 기억은 유대인의 믿음에 속하는 것이기 때문에 그렇습니다.

'망각(忘却)은 유랑(流浪)을 연장시키고, 구원(救援)의 비밀(秘密)은 기억이다.'

자주 인용되는 이 유대교 가르침은 아마도 신을 믿는 것은 역사(歷史) 속에서 신이 역사(役事)하심을 믿는 것이라는 점을 말하려는 것 같습니다.

(……) 우리나라에서는 새로운 세대가 정치적 책임을 떠맡아 가고 있습니다. 젊은이들은 그 당시 일어났던 일에 대해 책임이 없습니다. 그렇지만 그들은 그것이 역사에 작용한 결과에 대해서는 책임이 있습니다.

— 1985년 5월 8일

서독은 이후 나치와 홀로코스트에 대한 연구를 강화하고 그 기억을 다음 세대에 전하여 이제는 과거 청산에 모범적인 국가로 발돋움했다. 물론 독일 내에서도 과거 청산은 여전히 현재형이다. 청산 작업에 근본적으로 반대하거나 혹은 이제 충분하니 그만하자는 목소리 역시 적지 않다. 그럼에도 불구하고 독일 정부는 여전히 과거 나치에 대해 단호한 태도를 취하고 있고, 그러한 태도는 유럽을 통합하는 견인차가 되고 있다.

　　안네 프랑크의 일기에는 이러한 구절이 있다.

　　"나는 하늘을 올려다보며, 모든 것이 지금보다 더 나아지고, 이 야만적인 행위도 끝이 나고, 평화롭고 평온한 세상이 다시 찾아온다고 믿는다. 그때까지 나의 꿈들을 간직하고 있어야만 한다. 내가 가진 이상을 실현시킬 수 있는 날이 꼭 올 것이다."

　　어린 소녀가 용기 있게 간직했던 이 희망과 꿈은 우리가 참혹한 홀로코스트에 대한 기억을 버리지 않을 때 비로소 실현될 것이다.

연표

1918년 11월 11일 제1차 세계 대전에서 독일 패전. 전쟁 말기에 사회적 소요 크게 증가

1920년 8월 8일 뮌헨에서 나치 당 창당. 일단의 민족주의자들과 군소 신민족주의자 정당들 가운데 하나로 설립

1923년 8월 11일 뮌헨에서 히틀러 주도 하에 '독일의 국가 지배(deutsche Nationalregierung)' 선언

1923년 11월 9일 히틀러 뮌헨에서 쿠데타 기도 실패

1924년 1월 4일 히틀러 법정 최소형 5년형 선고, 1924년 12월 20일 석방. 수감 중인 1924년 7월 뮌헨에서 『나의 투쟁』1권 출간

1930년 9월 나치 당 107석 확보, 사민당에 이어 의회 제2당으로 부상. 공산당 의석도 72석으로 이전 선거(1928년 54석)보다 증가

1932년 7월 나치 230석으로 의회에서 개가를 부름. 공산당 89석으로 더욱 증가

1933년 1월 30일 힌덴부르크(Paul von Hindenburg)가 히틀러를 제국 수상에 임명

1933년 2월 28일 '민족과 국가를 보호하기 위한 긴급 명령(Verordnung zum Schutze von Volk und Staat)' 선포, 자유권과 기본권 폐지

1933년 3월 20일 히믈러(Heinrich Himmler)가 다하우(Dachau)에 최초로 강제 수용소 건설

1933년 3월 24일 수권법(Ermächtigungsgesetz) 제정, 의회 민주주의의 종말

1933년 4월 1일 유대인 사업체 보이콧

1933년 4월 7일 직업 공무원 재건법 제정, 유대인 관리 숙청

1935년 3월 16일 반유대주의적인 뉘른베르크 법(Nürnberger Gesetz) 공포. 유대인에게 시민권을 빼앗고, 동시에 유대인과 독일인의 결혼 금지

1936년 8월 1일	베를린에서 올림픽 경기 개최
1938년 3월 13일	오스트리아 점령 및 병합
1938년 11월 9일	포그롬(유대인 건물의 유리창들이 부서져 '수정의 밤'이라고 불리기도 함)으로 수많은 유대인이 사망하고 수만 명 강제 수용소 감금
1939년 3월 15일	독일군 뵈멘(Bohemia)과 마른(Mahren) 점령
1939년 9월 1일	독일, 폴란드 침공, 제2차 세계 대전 시작
1941년 7월 31일	괴링이 헤이드리히(Reinhard Heydrich)에게 유럽 내 유대인 완전 '제거'를 위임
1941년 9월 23일	아우슈비츠 수용소에서 최초로 가스 실험
1941년 9월 28일	러시아 키에프(Kiev)에서 유대인 학살(약 3만 4000명 사망)
1942년 1월 20일	'유대인 문제 최종적 해결'에 관한 반제 회의(Wannsee-Konferenz)
1943년 2월 22일	백장미단의 숄 남매 처형
1943년 6월 11일	히믈러가 폴란드 게토 해체를 지시
1945년 5월 8일	독일 무조건 항복
1945년 6월 5일	독일 네 개 점령 지역으로 분할
1945년 11월 20일	뉘른베르크에서 나치 전범 재판 시작
1948년 5월 14일	이스라엘 공화국 건국

더 읽어 볼 책

- 라울 힐베르크, 김학이 옮김, 『**홀로코스트, 유럽 유대인의 파괴**』(개마고원, 2008)
- 볼프강 벤츠, 최용찬 옮김, 『**홀로코스트**』(지식의 풍경, 2002)
- 로버트 위스트리치, 송충기 옮김, 『**히틀러와 홀로코스트**』(을유문화사, 2011)
- 최호근, 『**서양 현대사의 블랙박스 나치대학살**』(푸른역사, 2006)

더 봐야 할 영화

- 「밤과 안개(*Night and Fog*)」(1955). 알랭 레네(Alain Resnais) 감독, 프랑스(32분)
- 「쇼아(*Shoah*)」(1985). 클로드 란츠만(Cloude Lanzmann) 감독, 프랑스(9시간 30분)
- 「백장미(*Die Weiße Rose*)」(1982). 미카엘 베르호벤(Michael Verhoeven) 감독, 독일(123분)
- 「홀로코스트(*Holocaust*)」(1978). 마빈 촘스키(Marvin Chomsky) 감독, 미국(7시간 30분)

민음 지식의 정원 서양사편 010

현대
나치는
왜 유대인을 학살했을까?

1판 1쇄 펴냄 2013년 9월 27일
1판 4쇄 펴냄 2021년 1월 4일

지은이 | 송충기
발행인 | 박근섭
책임편집 | 강성봉
펴낸곳 | ㈜민음인

출판등록 | 2009. 10. 8 (제2009-000273호)
주소 | 06027 서울 강남구 도산대로 1길 62 강남출판문화센터 5층
전화 | 영업부 515-2000 **편집부** 3446-8774 **팩시밀리** 515-2007
홈페이지 | minumin.minumsa.com

도서 파본 등의 이유로 반송이 필요할 경우에는 구매처에서 교환하시고
출판사 교환이 필요할 경우에는 아래 주소로 반송 사유를 적어 도서와 함께 보내주세요.
06027 서울 강남구 도산대로 1길 62 강남출판문화센터 6층 민음인 마케팅부

© 송충기, 2013. Printed in Seoul, Korea

ISBN 978-89-6017-339-2 04900
ISBN 978-89-94210-50-6 (세트)

㈜민음인은 민음사 출판 그룹의 자회사입니다.